ビールは200円で買った（セブパシフィック航空）

新幹線の車内ではありません（セブパシフィック航空）

午前２時のアンヘラス。バイアグラ売りも疲れが出る頃

ＶＩＰルーム近くで、野良電波を拾う（クラーク空港）

歩いて飛行機へ。格安エアラインの常識（エアアジア）

ＬＣＣＴの搭乗ロビーで電気を頂く。ただですから

シンガポールではマーライオン。で、どうする？

バンガロールまで乗ったタイガー・エアウェイズ

バンガロールの下町。どうしようもなくインド？

祭りの山車をトラクターで牽く？（バンガロール）

バンガロールの市内バス。普通のバスです

シャルジャの閑散観光地。観光客はいなかった

船の向こうにブルジュ・ドバイ。オイルマネー楼閣

地中海に面したアレキサンドリア。
本当は寒くて歩くのも辛かった

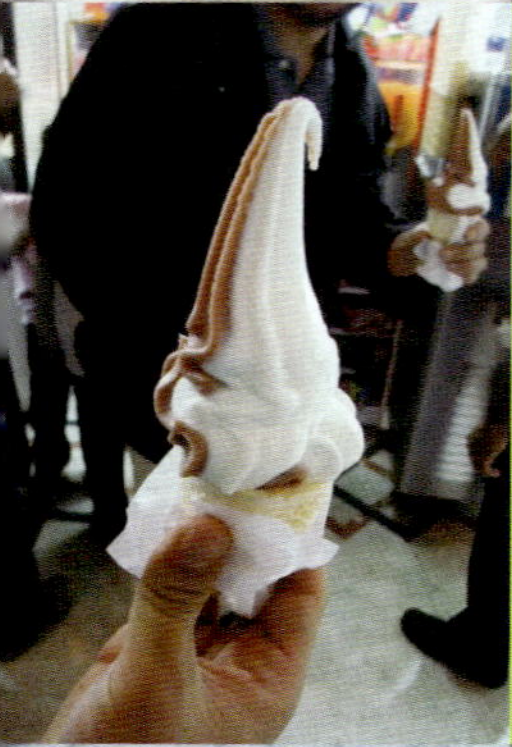

ＬＣＣＴの食堂でマレー麺（クアラルンプール）↖、エアアジアの機内食・チキンサテと焼き飯↑、シンガポールで福建麺↗台湾麺→、バンガロールの昼定食↘、ホテル朝食↓、シャルジャのサンドイッチ↙、シャルジャのセントラルマーケットでアイスクリーム←。

チキン屋とカフェで水パイプ＆ネット（アレキサンドリア）

エジプト料理。右下が名物の鳩の丸焼き。カロリーは高い

エージアンエアーでアテネの空港に着いた

カイロ新空港は砂漠のなか

飛行機はエーゲ海縦断

ダブリン（アイルランド）の石畳。頑固に歴史を守る

エアリンガスは大西洋を越えてニューヨークに到着

急成長のジェットブルー

ニューヨーク。眩しい陽射し

ロングビーチ。旅は終わった

ホームレスのねぐらはメトロ

メトロ駅。無賃乗車が多い

アイリッシュコーヒーとアイリッシュココア

この泡がポイントのギネス

シンガポールスリング。無料

新潮文庫

# 格安エアラインで世界一周

下川裕治著

新潮社版

8732

# 格安エアラインで世界一周＊目次

# 格安エアラインで世界一周

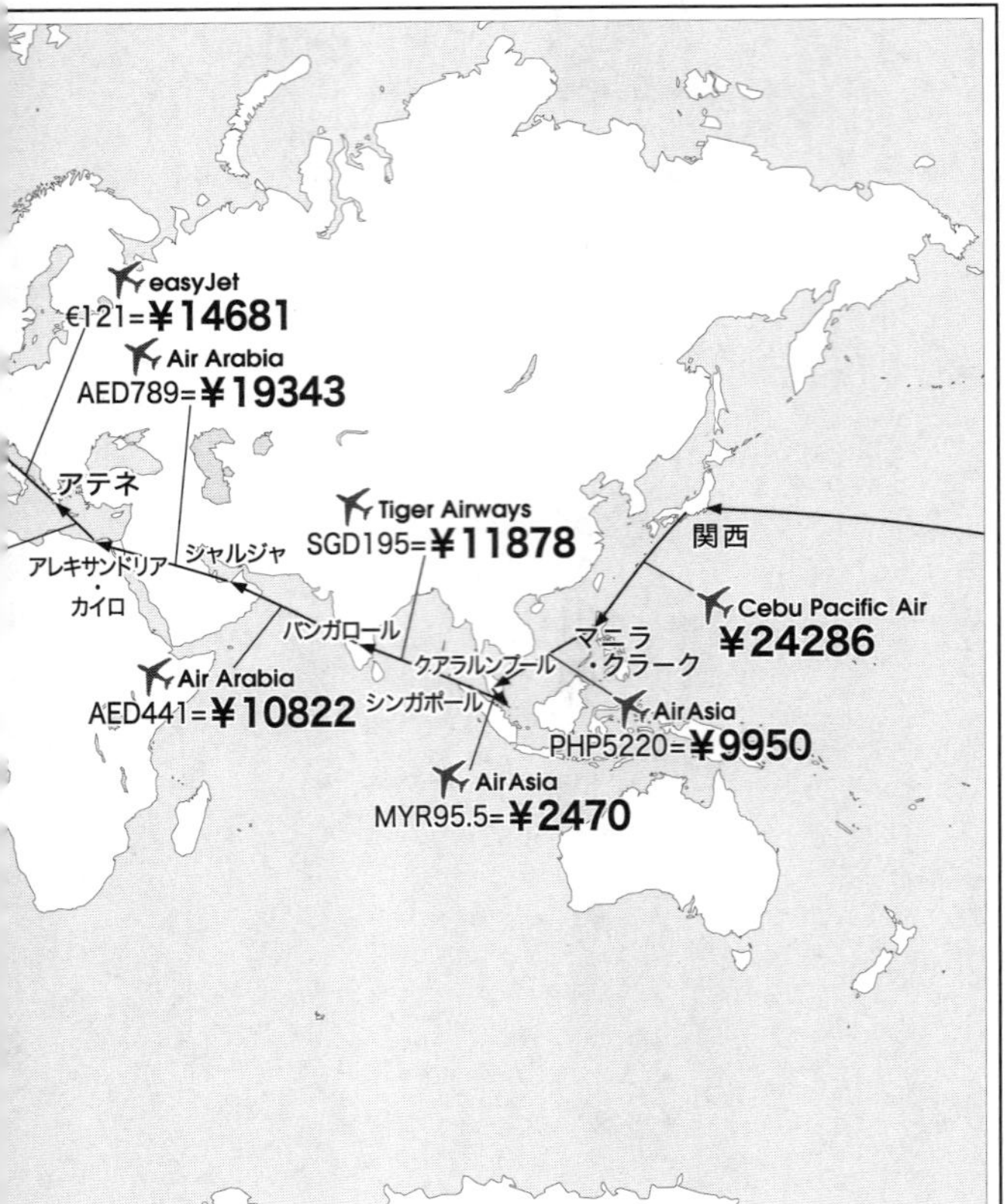

easyJet
€121=¥14681
Air Arabia
AED789=¥19343
アテネ
Tiger Airways
SGD195=¥11878
関西
ジャルジャ
アレキサンドリア
・
カイロ
Cebu Pacific Air
¥24286
バンガロール
マニラ
・クラーク
クアラルンプール
Air Arabia
AED441=¥10822
シンガポール
AirAsia
PHP5220=¥9950
AirAsia
MYR95.5=¥2470

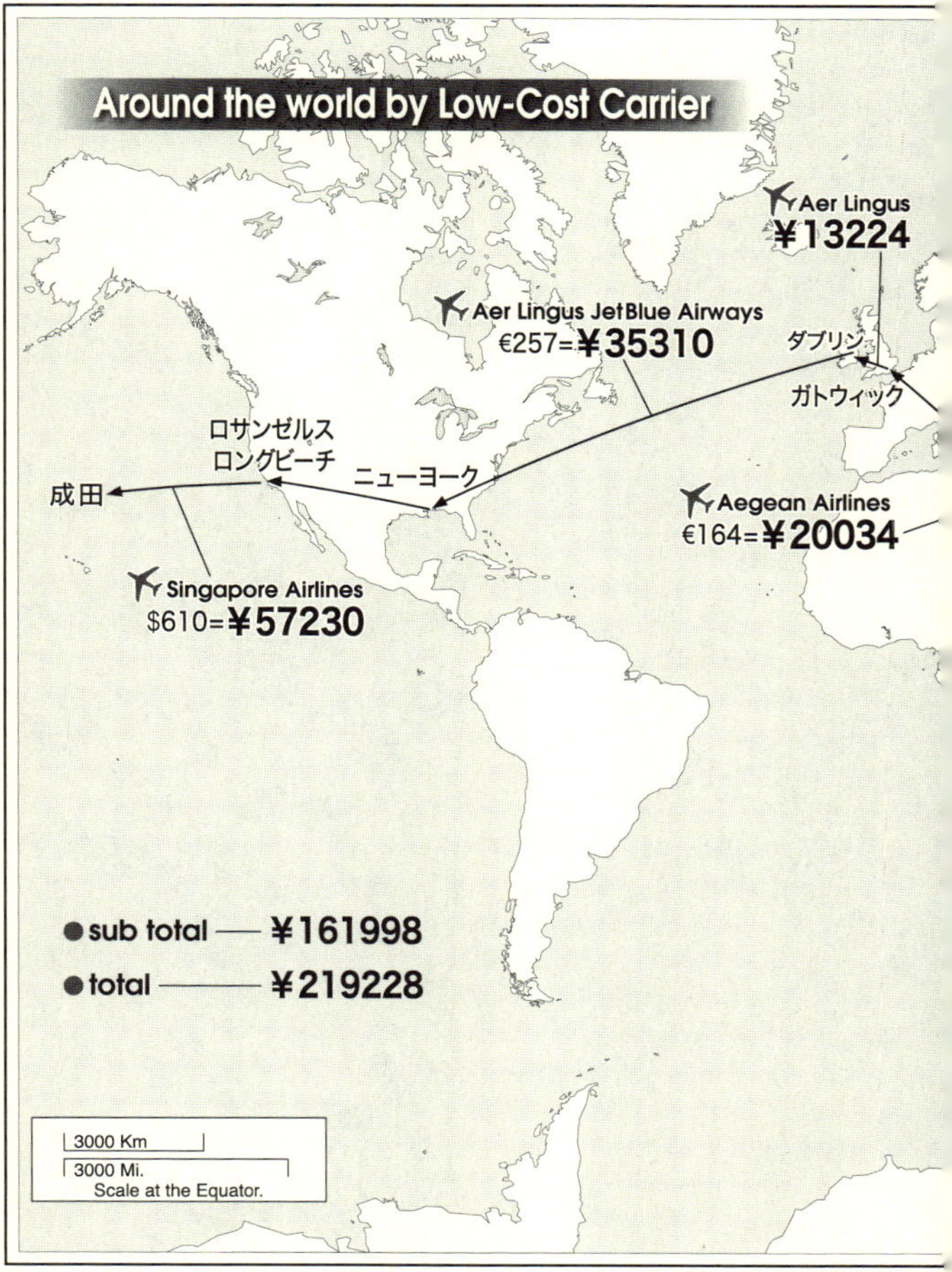
Around the world by Low-Cost Carrier
Aer Lingus
¥13224
Aer Lingus JetBlue Airways
€257=¥35310
ダブリン
ガトウィック
ロサンゼルス
ロングビーチ
ニューヨーク
成田
Aegean Airlines
€164=¥20034
Singapore Airlines
$610=¥57230
●sub total ¥161998
●total ¥219228
3000 Km
3000 Mi.
Scale at the Equator.

本文写真・口絵写真：阿部稔哉

# 第1章　関空・マニラ

CEBU PACIFIC
BOARDING PASS
NAME OF PASSENGER
SHIMOKAWA/YUJI/MR
FROM
OSAKA
TO
MANILA
DATE
TIME
11JAN19:20
CLASS
E
FLIGHT
5J 0827
BOARDING TIME
18:50
SEAT
25E
GATE
9
AWA/YUJI/MR
E
33
25E
0827 11JAN

八年の間、このときを待ち続けていた。

いや、正確にいうと十数年か。

関空（関西国際空港）発マニラ行きの、セブパシフィック航空の座席に腰をおろした。飛行機の小さな窓から、一月の寒風が吹き抜ける暗い滑走路が見渡せた。座席は、膝《ひざ》が前席のシートの背にぴたりとついてしまうほど狭かった。膝頭を押しつけるような感触が、これまでいやというほど乗り続けた辛《つら》いアジアのバスの旅を甦《よみがえ》らせた。

「これだよ」

僕はひとり悦に入っていた。

LCC……。ローコストキャリア、日本では格安航空会社あるいは格安エアラインと呼ばれる。その名前通り、運賃の安さを売り物にする航空会社群である。LCCは運賃を下げるために、さまざまな節約策が講じられている。できるだけ多くの客を乗せるために、シートピッチといわれる座席と座席の間隔を狭めるのもそのひとつだった。これから四時間、上映される映画どころか、イヤホンで聴く音楽すらない機内で、本を読むこと以外にすることがない時間のことなど考えもせず、僕は満足げにシートベルトを締めた。

昨年（二〇〇八年）の十一月にフィリピンのLCCであるセブパシフィック航空が、関空への乗り入れを果たした。昨年三月、オーストラリアのLCC、ジェットスター航空も日本に乗り入れた。急速な勢いで空路を広げるLCCの世界では、蚊帳《かや》の外に置かれていた日本にようやく風穴が開いた。蚊帳という表現を受ければ、僕は蚊帳に開いた小さな穴から、ふらふらとLCCの世界の内側に入り込んだ一匹の蚊ということになる。

だが僕らの時代がようやくやってきたのだ。

近くには、これまで、僕の貧しく辛い旅に何回もつきあってくれた阿部《あべ》稔哉《としや》カメラマンが座っていた。はじめて同じ旅の空を眺めたとき、彼はまだ二十代の前半だったが、あれから人生を重ね、四十代の半ばにまでさしかかっていた。子供が生まれ、奥さんはしっかり働いているから、彼も仕事の傍ら育児をこなさなければならない。酔狂な僕の旅につきあうほど、時間の余裕はなさそうだった。

「LCCを乗り継いで、世界一周の旅に出てみようと思うんだけど……」

電話でその言葉を伝えたとき、彼の奥さんやまだ幼い子供の顔が脳裡《のうり》をかすめた。

僕にもふたりの子供がいるから、奥さんの大変さは痛いほどわかる。旅好きな彼にとって、僕の誘いは蠱惑《こわく》の香りをともなって聞こえたのかもしれなかった。

「ちょっと時間の都合がつかなくて……」

そんな言葉が返ってくる予感すらあった。しかし受話器を通して、「行きます」という声が聞こえてきたとき、嬉《うれ》しさと同時に、内心、忸怩《じくじ》たるものがあった。

「奥さんとか、お子さんとか……大丈夫？」

「いいんです。下川さんの旅は」

「……」

思いおこしてみれば、彼との旅は、いつもこうしてはじまった。陸路でトルコのイスタンブールをめざしたときもそうだった。タリバン政権が崩壊して間もないアフガニスタンに向かったときも同じだった。勇んで旅立つにはほど遠く、どこか後ろめたさを抱えていた。

もうひとり、この旅には若者が加わった。以前、東京からバスでイスタンブールまで向かったとき、橋野元樹《もとき》君という青年が同行してくれた。今回も声をかけたのだが、彼には本業があった。なかなかおいしい料理を出す『兎屋《うさぎや》』という居酒屋を実家が営んでいて、彼は店を切り盛る中心メンバーとして活躍していたのだ。以前の旅は、その仕事を休んでいる時期でよかったのだが、帰国後、彼は人が変わったように店内を動きまわっていた。そのときの旅は、バスだけに乗って一万七千キロにもなる道のりを進むという、暇でなければできないような旅だった。バスに染まるような日々は、心境の変化を招いたのだろうか。いや、そんなたいそうなことではない。いつまでも、旅の空を見続けるわけにはいかないと自戒したのに違いなかった。彼の瞳《ひとみ》には、僕のような男は反面教師にも映ったのかもしれない。しかしどこか律儀《りちぎ》な彼は、ひとりの代役を立ててくれた。

世界一周を前に、関空の売店を兼ねた食堂で、きつねうどんとビールでお祝い。ちょっとわびしい

橋野君は以前の旅を、彼のブログにアップしていたが、それを読んだひとりの若者がコンタクトをとってきた。それが縁で、彼の店でアルバイトをするまでに話が発展していた。その若者は、これまでニュージーランドやアメリカ西海岸を、バックパッカーのようにして歩いてきた旅好き因子をもっていて、ＬＣＣに乗って世

界一周という話に、目を輝かせてしまったらしい。冨永義昭《とみながよしあき》君という二十一歳の若者だった。

この三人が、小さな穴から、蚊帳のなかに迷い込んだメンバーだった。僕ら三人は、関空の出発ロビーで待ち合わせることにした。セブパシフィック航空のチェックインカウンターの前という約束だった。僕が先に到着し、間もなく阿部氏が姿を見せたが、冨永君がなかなか現われない。ここで乗り遅れると、その先の旅が大変なことになる。詳しくは追ってお話ししていくことになるが、LCCの航空券にはいくつかの制約があった。そのひとつが、便の変更ができず、その便に乗らなかった場合、払い戻しができないということだった。フィリピンのセブパシフィック航空は、典型的なLCCで、そのルールが適用されていた。この便に乗り遅れると、航空券は無効になり、新しく航空券を買わなければならなかった。

その先も問題だった。セブパシフィック航空は、関空とフィリピンのマニラの間に、週に三便しか飛んでいない。マニラから先のLCC便も購入してあったから、玉突き式に、その先の便にも乗ることができなくなる……。

どうしようかと思っていた矢先、出発ロビーの入口とは反対の方から駆けてくる若者の姿があった。

「航空券に5Jって書いてあったから、そのカウンターを探して歩きまわっていたんですけど、Jのカウンターがなくて」

「……?」

航空会社はそれぞれ、アルファベットのコード名をもっている。日本航空ならJL、全日空ならNHである。世界の航空会社は年を追って増え、アルファベット二文字の組み合わせが限界に達してしまった。LCCは最近になって設立された会社が多く、アルファベットに数字を組み合わせるようになった。セブパシフィック航空のそれは5Jなのだ。関空のチェックインカウンターはアルファベットで表示されている。その日のセブパシフィック航空は、いちばん隅のカウンターAだった。ところが冨永君は、ロビーの掲示板を見ずに、Jのカウンターを探していたらしい。5JだからJなのだ。

「こいつ、大丈夫だろうか……」

僕ら三人以外に、セブパシフィック航空のチェックインカウンターには、さまざまな人種が並んでいた。マニラに遊びに行くようなおじさんグループ、フィリピン人の家族連れ……そこには、ふたりの欧米バックパッカーの姿もあった。

この日、セブパシフィック航空の乗客は少なかった

ＬＣＣの航空券は、ネットにつながったコンピュータとクレジットカードさえあれば、世界のどこからでも航空券を買うことができる。自宅でも、ネットカフェでもいい。無線ＬＡＮにつながっていれば、路上や公園のベンチでも、航空券が手に入る。航空会社や旅行会社に出向いたり、連絡をとる必要がないのだ。関空とマニラの間に週三便というフライトで、就航から一ヵ月ほどというセブパシフィック航空の知名度はそれほど高くない。日本人でも知っている人は少ないだろう。しかしコンピュータの検索は、場所や人を選ばない。lowcostとかosakaなどと打ち込んでいけば、セブパシフィック航空に出合ってしまうのだ。とにかく運賃が安いのだから、マウスをクリックするバックパッカーの指先に力が入ってしまうのは当然のことだった。

乗り込もうとしているのは、フィンランド人だった。カウンターで手間どっているのは、ビザの問題のようだった。彼らはビザをもっていないらしく、果たしてフィリピンに入国できるのか……という問題だった。

フィリピン路線で目立つ乗客といえば、若いフィリピン女性たちだったが、その姿はまったくなかった。この路線に乗ると、濃い化粧と漂う香水の匂《にお》いから、日本で稼ぎ、フィリピンの家族や親戚《しんせき》を養う覚悟のようなものが伝わってきたものだった。そんな色気はどこを探してもない。日本人男性と結婚し、その間にできた子供を連れて里帰りするフィリピン女性もいなかった。日本人と籍を入れることで、彼女らは日本との往《い》き来にビザをとる必要もなくなる。そんなフィリピーナは、フィリピン社会のなかでは勝ち組だった。日本の暮らしが大変でも、フィリピンでは金もちなのだ。その里帰りに、安さを売りものにするセブパシフィック航空のようなせこい飛行機に乗るというのは、彼女らの感性では受け入れることができない選択肢なのかもしれなかった。それは田舎から都会に出て成功した人が、夜行バスを選ばずに飛行機に乗って帰郷する感覚で、やはり運賃の高い日本航空あたりに、たくさんの土産物をどーんと抱えて乗り込むのが筋というもののようだった。

LCCはチェックインカウンターで預けることができる荷物の重さを十五キロに制限していることが多い。通常は二十キロだから、五キロ少ない分、重量が減り、燃料代の節約になるのだ。これまでの航空会社は、二、三キロは大目に見てくれることも多かったが、LCCは一キロでも多いと、しっかりと超過料金をとる。重量オーバーといわれ、あわてて手荷物に詰め替える光景は、これまで何回かLCCのチェックインカウンターの前で見かけていた。セブパシフィック航空も、そのポリシーを伝えるかのように、「超過分は一キロ千円」と書かれた紙を職員が掲げていた。

出発時刻は夕方の七時二十分だった。マニラからやってきた便から乗客が降りてきたのは、その三十分ほど前だった。到着便が遅れたわけではない。これがオンタイムなのだ。日本の空港は、駐機料などの使用料がべらぼうに高い。できる限りの節約を運賃に反映させるのがLCCの発想だから、日本の空港の使用料は頭が痛い存在だろう。それでも、できるだけ関空に駐機する時間を短くしていた。セブパシフィックのスケジュールを見ると、この空港に停まっているのは四十五分ほどだ。これは滑走路にランディングして飛び立つまでの時間だろうから、ターミナルに停まっているのは三十分にも満たない。夜陰に乗じて関空に飛来し、気がつくともう飛び立っているようなものなのだ。これで使用料を値切ったのだろうか。

チェックインカウンターも、いちばん端の目立たない一画だった。イミグレーションを通過してからシャトルに乗った。ターミナルもいちばん隅だった。なにか人目をはばかるような存在にも映る。中央のターミナルに大きな機体を堂々と駐機させるメジャーな航空会社を、指をくわえて眺めるような心境になる。

これが僕らの時代の飛行機だと、自分にいい聞かせ、薄暗い待合室から、ボーディングブリッジを歩いて乗り込んだ。エアバス320という中型機だった。すべてがエコノミー席で、合成皮革が張られたシートが、中央の通路を挟んで左右に三席ずつ並んでいる。席数は百八十ほどで、その日は三割ほどの席しか埋まらなかった。

「これでやっていけるんだろうか……」

不安になるほど客は少なかった。三連休の中日という日どりが災いしていたのかもしれない。LCCの知名度は、まだこんなものなのだろうか。

なぜか乗客は全員、後部の座席に集められていた。LCCのなかには、座席を指定しないところもあるが、セブパシフィック航空は、チェックインのときに座席を指定した。客室乗務員は全員がフィリピン人女性で、ベテラン格の女性が、外国人訛《なま》りの日本語を操った。

「席、チェンジ、OKです」

それを聞いて僕らは、前の席に移ろうとした。すると、

「いまはダメ。飛行機、上に行ってから」

といわれてしまった。

「どうして全員、後ろの席なんだろうね」

再びシートベルトを締めようとする阿部氏に声をかけた。

「乗客の体重って、けっこうフライトに影響するらしいですよ。後ろに重さが集まると、離陸が楽なんじゃないですか」

「早く機首が上がるってこと？　離陸のときにいちばん燃料を使うって聞いたことがあるしな」

「たぶん」

「………」

そこまでして燃料を節約しているのだろうか。帰国後に少し調べてみると、そう簡単な話ではないらしい。後ろに重量がかかりすぎると、機体を水平に保てず、かえって速度が出ないこともあるのだという。しかしLCCに乗ると、チェックインからはじまり、機内で起きるできごとをすべて節約に結びつけて考えるようになってしまう。それほどまでに、これまでの飛行機とは違っているのだ。

LCCのルーツは、一九七一年に生まれたアメリカのサウスウエスト航空だといわれている。使う飛行機の機種を統一し、機内サービスをできるだけ省略し、それを航空運賃に反映させるというLCCの発想をつくりあげたのだ。しかし当時のサウスウエスト航空は、アメリカの一部の州の間を飛ぶ小さな飛行機会社にすぎなかった。

サウスウエスト航空のノウハウを生かし、ふたつ目のLCCが誕生するのは、いまから三十年ほど前である。飛行機の需要が多かった大西洋路線に、イギリスのレイカーエアウェイズという航空会社が参入していく。高い航空運賃に対抗する形で登場し、バックパッカーなどの間で人気を集めたという。

アメリカの一地方を結ぶサウスウエスト航空とは違い、既存の航空会社にとってのドル箱でもあった大西洋路線での運航は多くの軋轢《あつれき》を生んだ。既存の航空会社は、利用客を奪われるという危機感を抱き、当然、圧力をかけてくる。そこに政府の規制や、当時の不景気も加わり、レイカーエアウェイズは倒産してしまう。なにかいまの日本の環境に似ている気もする。

そんなLCCが再び姿を見せたのは、一九九〇年代のヨーロッパだった。だが、アジアを歩くことが多い僕の耳には、それほど現実味を帯びた話としては届かなかった。またさまざまな圧力のなかで消えていく……そんなシャボン玉のような存在に思えたりもした。

LCCに乗るのは、もう少し年月を経るが、その前に、僕がそれまでに使ってきた航空券に触れておく。

生まれてはじめて、飛行機というものに乗ったのは三十四年も前である。まだ大学生だった。羽田空港からタイのバンコクに向かう飛行機だった。当時、父親の知人がバンコクに住んでいて、その人がバンコク発東京往復のエアーサイアムという航空会社の航空券を送ってくれた。航空券というものは、綴《つづ》りになった束のいちばん上から使っていくという原則も知らなかった。バンコクから国際郵便で届いた航空券は、一枚目がバンコク－東京になっていて、二枚目が東京－バンコクになっていた。僕は東京から出発したわけだから、その二枚目から使うことになる。それが違法な利用法であることを知ったのは、帰国して半年ほどが経《た》った頃のように思う。航空会社の職員も、顔色ひとつ変えず、二枚目を切ったのだから、いまから思うと平和な時代だった。

再びアジアに向かったのは、それから十ヵ月ほどが経ったときだった。当時の日本では、格安航空券というものが、ようやく市場に出まわりだしていた。LCCはときに格安航空会社と呼ばれるから、混同する人もいるかもしれないが、このふたつは発生から違っていた。

格安航空券は、日本でいえば、日本航空や全日空という、既存の航空会社の航空券を割引いた価格で販売するスタイルである。そこには飛行機という乗り物の歴史が潜んでいる。飛行機は就航当初から、選ばれた人が乗る贅沢《ぜいたく》なものというイメージをもっていた。豪華客船をモデルにしている名残からキャビンやギャレーといった船特有の言葉が旅客機にも使われている。しかし、高度経済成長を経験した日本で、飛行機に乗って海外に向かうという旅が、しだいに珍しいものではなくなっていく。そんな需要に応《こた》えるように、格安航空券が登場するのだ。

当時、日本発着の航空券には、個人向けよりは安い団体割引運賃が設定されていた。それを、団体を装《よそお》いつつ、個人にバラ売りしてしまうのが格安航空券だった。元々、ヨーロッパで開発された販売手法だった。日系航空会社は、この格安航空券は違法というキャンペーンを繰り返していった。大学生だった僕は、住所を頼りに、渋谷の雑居ビルのなかの一室にある怪しげな旅行会社を訪ねた。そう、確かメロディーツアーという会社だった。中年のおじさんがひとりいるだけだった。その航空券で、僕はバンコク、香港《ホンコン》、台湾をまわった。

違法キャンペーンは耳に痛かったが、正規運賃の半値以下の値段で買うことができる格安航空券に嬉々《きき》としていた。僕のデビュー作は『12万円で世界を歩く』という旅行記である。これは、編集部から十二万円という経費を受けとり、その範囲内でどこまで行き、帰ってくることができるかという旅が、一冊の本になったものだ。アジアにはじまり、アメリカはニューヨーク、ヨーロッパのアテネ……と足を延ばしたが、この企画が実現したのも、格安航空券があったからだった。

違法キャンペーンに晒《さら》されていた格安航空券だったが、この頃には、安い航空券を求める人々の声に押され、黙認されるようになっていた。

だが航空業界は年を追って変わっていく。安さというものに慣れてしまったことも一因なのかもしれないが、格安航空券というものの割安感がしだいに薄れてきてしまったのだ。とくに僕が、タイのバンコクで航空券を買うようになっていたからかもしれない。かつて、バンコクで売られていた航空券は、かけ値なしで安かった。しかしタイの経済が成長するなかで、じりじりとその値段を上げていったのだ。バンコクで売られる航空券は、予約の変更ができるオープン航空券だった。対して日本で売られる格安航空券は、日程変更ができないタイプだった。そんな違いがあるにせよ、ときに日本よりバンコクのほうが高いことすらあった。

「これからはシンガポールだ」

「いや、スリランカのコロンボじゃないか」

格安航空券派のなかでは、そんな情報が飛び交っていたが、所詮《しょせん》は、日本路線の往復で数千円安くなるといったレベルの違いだった。

その時期に注目を集めはじめたのがＬＣＣだった。格安航空券とは、運賃構造がまったく違っていた。ＬＣＣは、自ら航空機を購入し、さまざまなコストを削り、安い運賃を提供することで集客を増やすという航空会社だった。既存の航空会社とは、基本的には無縁の独立した存在だった。

エアアジア――。

この航空会社の名前を聞いたのは、そんなときだった。二〇〇一年のことである。ヨーロッパで生まれたＬＣＣが、ようやくアジアに上陸したのだ。拠点をクアラルンプールに置くマレーシアの航空会社だった。ようやく僕のテリトリーに、ＬＣＣが登場したのだ。

僕はその運賃を調べてみた。チェックしたのはどの区間だったろうか。クアラルンプールとマレーシア半島の南端にあるジョホールバル間だった気がする。コンピュータの画面に映し出された金額を目にし、マレーシアリンギットという通貨を円換算したとき、マウスを持つ手が停まった。

「なに……ッ」

８００円だったのである。

「嘘《うそ》じゃないか？」

再度、電卓を叩《たた》いたが、やはり800円だった。これは、クアラルンプールとジョホールバルを結ぶバス並み運賃ではないか。いや、バスより安い……。にわかに信じられない金額だった。本当にこの運賃で飛行機に乗れるのだろうか……。僕が日本であれやこれやと考えているうちに、飛行機オタクというか、飛行機の運賃オタクの知人からのレポートが届いた。本当にこの金額で乗ることができてしまったという。彼はわざわざ、このエアアジアに乗るためだけに、マレーシアに出向いたのだという。

800円は本当だったのだ。

しかしこの800円のエアアジアに乗るためだけに日本から向かうほど、僕は航空運賃オタクでもなかった。いつかは乗ろうと思ってはいたが、機会はなかなか訪れなかった。その間に、LCCの航空網はしだいに広がっていった。タイを拠点にしたタイ・エアアジアが運航を開始した。それに対抗するかのように、タイ国際航空はノックエアーというLCCの子会社をつくった。はたしてLCCの運営はうまくいくのだろうかという僕の不安を尻目《しりめ》に、アジアの航空業界にひとつの流れが生まれたかのような勢いだった。

いまにして思えば、そこにはタイの政治的なつば迫《ぜ》り合いも絡《から》んでいた。タイ・エアアジアは、そのときの首相であったタクシンの肝煎《きもい》りでスタートした。タイ国際航空という会社は、大のタクシン嫌いで通っていた。タクシンがタイ・エアアジアなら、うちはノックエアーというLCC……という構図だった気がする。そんな駆け引きにも気づかず、僕は、アジアもLCCの時代だ……などと浮かれていたのだったが。

はじめてLCCに乗ったのは、マレーシアにエアアジアが誕生して二年ほどが経ったときのように記憶している。バンコクとチェンマイを往復した。運賃は片道250円ほどだった。バンコクとチェンマイの間を、十時間ほどかけて走るバスのなかに、VIPという高級バスがある。その運賃とさして変わらなかった。

新鮮だった。チェックインのときに受けとったチケットは、スーパーのレシートのようなペラペラの感熱紙だった。席の指定もない。乗るときは早い者勝ちである。座席は狭く、少し体を斜めにしないと、膝《ひざ》が前のシートにあたって辛《つら》い。機内食は有料で、メニューがラックに挟まれていた。カップ麺《めん》が四十バーツだったことを覚えている。途中で客室乗務員の女性が、カートを押して現れた。機内食はそこに積まれていた。しばらくすると、黒い大きなポリ袋を手にゴミを回収する。僕は要領がわからず、最後の方で乗り込んだため、後部の座席しか空いていなかった。当然、降りるときは最後の方になる。ふと見ると、僕の後ろにいた乗務員は、座席の掃除をはじめていた。

機内清掃も彼女たちの仕事だったのだ。

チェンマイからバンコクに戻るときにも感心した。チェンマイの空港に到着してから、三十分ほどでもう離陸してしまったのだ。席は早い者勝ちだから、皆が競うように搭乗口に集まる。搭乗も早い。搭乗ラウンジでゆっくり買い物をしている人などいないのだ。なにか計算されたような節約ノウハウすら伝わってくるのだった。

一般に飛行機の運航にかかる費用は、三分の一が燃料、三分の一が人件費、三分の一が空港使用料や機内食といった諸経費だといわれる。LCCといっても、燃料代は既存の航空会社と変わらない。つまり人件費と諸経費を、思いつく限り削っているのだ。これまでの航空会社に比べたら、サービスなどないようなものだが、そう思えば、妙にすっきりして後味は悪くない。いや、その節約で実現してくれた安い運賃が、なによりもありがたい。

このLCCが世界に広がっていったら……。ようやくやってきそうな僕らの時代の予感が膨らんでくるのだった。

だが暇だった。セブパシフィック航空は、夕方の七時二十分に出発し、マニラには夜の十時十五分に到着するスケジュールだった。フィリピンと日本の間には一時間の時差があるから、四時間ほどのフライトである。この時間帯に、そう機内で眠れるわけでもない。座席の間隔を狭めているので、背のリクライニングもわずかなものだ。ボタンを押し、背を倒そうとしたのだが、カクッとほんの五度ほど傾いた程度で止まってしまった。たったそれだけなのだ。しかたなく、ラックに入った『Smile』という英語の機内誌をペラペラめくる。最後のページに機内食のメニューがあった。そこだけ日本語の表記がある。

カップヌードル（大）　PHP100
バナナ・クランチ　PHP50
ペプシ・レギュラー　PHP50

PHPとはフィリピンペソである。一ペソは約二円だから、カップヌードルは二百円か……などと呟《つぶや》いてみる。おッ、ビールもある。サン・ミゲルというフィリピンのビールが百ペソだ。二百円……。日本に乗り入れているアメリカ系のユナイテッド航空やノースウエスト航空が、ビール一缶六アメリカドルをとるのに比べればLCCは愛すべき庶民の航空会社である。

ほどなくして黄色のTシャツという、これまた簡素な制服の客室乗務員が、ワゴン車を押してやってきた。その光景は、新幹線の車内販売のようで、ここが空の上であ

乗務員の写真撮影が難しいのもLCC。しかたなくこの写真

ることを忘れそうになる。僕は缶ビールとノヴァというポテトチップスを買い、カップ麺を頼んだ。乗務員は慣れた手つきで、カップ麺のビニールをはがし、お湯を注いでくれる。これでしめて五百円。財布から千円札を一枚渡しながら、これからの飛行機はこれでなくちゃ……とひとりごちる。「チキンにしますか？　ポークにしますか？」などと聞かれ、高級レストランを真似《まね》たような料理が並ぶメニューを渡されて戸惑うことがある。「ピカタのバジルソース添え」などといわれても、日頃、ほとんど目にしない料理名で、ピンとこないのだ。それよりもカップヌードルではないか……。

しかし暇だった。ビールを飲み、カップヌードルを啜《すす》っても、飛行機は、南へ、南へとねばり強く飛んでいるだけなのだ。窓をのぞいても暗闇《くらやみ》が広がるばかりだ。

再び機内誌に目を落とす。機内食のページの前に、セブパシフィック航空のロゴが入ったバッグや時計に飛行機の模型などが並ぶページがあった。そのなかのストラップが目に留まった。

「これから乗るLCCで、記念にストラップを買っていくのはどう？　ロゴも入っているし、だいたい五十ペソで安いし……。こういうの、普通の航空会社じゃ、安すぎて売ってないんじゃない？」

「売ってますよ」

阿部氏のつれない返事に、再び機内誌をめくるしかなかった。

セブパシフィック航空のニュースページがあった。そのなかの「アジアでトップテン」という見出しが目に留まった。簡単な英語だったので読んでみる。

――スマート・トラベル・アジアというウェブマガジンによると、セブパシフィック航空は、LCCトップテンのなかのひとつに数えられた。読者投票によると、運賃、スケジュールの信頼性、サービスの質、ルートで、十社中五位に入った。

十社というのがアジアのLCCなのか、世界のLCCなのかはわからなかった。しかし何回かLCCに乗った僕にしても、エアアジア、ノックエアー、タイガー・エアウェイズ、エア・アラビア、エアリンガス、ライアンエアー、そしてセブパシフィック航空ぐらいしか指を折ることができない。LCCという蚊帳《かや》のなかでは、あたり前のように人気投票が行われていることに、ＬＣＣの密度のようなものを感じとってしまった。世界には、すでにそんなネットワークができあがっているらしいのだ。

しかし暇だった。僕は今回の旅にノート型パソコンを持参していた。到着した街で、その先のＬＣＣのフライトを予約し、航空券を購入していかなくてはならないのだ。ＬＣＣは店舗をもたず、予約や支払いは、すべて個人のパソコンで行う。これも運賃を安くするノウハウのひとつだった。ＬＣＣを乗り継ぐ旅行者にとって、無線ＬＡＮ機能がついたノート型パソコンは、旅の必需品になってくる。ネットカフェやホテルの共有パソコンを使うこともできるが、クレジットカードでの支払いをパソコンでしなくてはならないから、やはり使い慣れた自分のパソコンのほうが安心だし安全でもあるのだ。

僕は鞄《かばん》からノート型パソコンを出して立ちあげた。もちろん、一万メートルの上空に無線ＬＡＮ用の電波など飛んでいないから、クリックするのはゲームである。ソリティアというゲームを画面に映す。これはトランプのカードをそろえていくゲームなのだが、なぜかこのゲームをやっていると眠くなるのだった。その睡魔に乗じて眠ってしまおうと思ったのだ。スペードの王を左に移し、ハートの7を右に動かし……などとやっていると、

「ゲームですか」

と後ろに座っている冨永君が鼻で嗤《わら》うように声をかけてきた。

「おぉ、ゲームで悪かったなぁ。俺はもの書きだけど、いつもパソコンに向かって原稿を書いているわけじゃないんだよ」

そういいたい思いを呑《の》み込んでふり返ると、彼の手には『日経ビジネス』が握られていた。関空の売店で、雑誌を買っているところを見たが、経済誌だったのか。機内でもこの雑誌を喰い入るように読んでいた。二十一歳の青年にしたら珍しいことだと思って訊《き》くと、以前はFXをやっていたという。株ももっているらしい。

「いまの景気じゃ、株は塩漬けですよ。FXもひと晩で三万円ぐらい儲《もう》けたこともあったけど、結局は損してますね」

この若者は、ひょっとしたら僕より金もちなのかもしれなかった。この先、街角の茶屋や空港の待合室で、彼の口から、何回となく、FXや株の話を聞かされることになる。その言葉の端々から、ニートの苛立《いらだ》ちのようなものを感じとっていくのは、しばらく先のことになる。

マニラ行きのセブパシフィック航空は、予定より三十分も早く到着した。正式にはニノイ・アキノ国際空港と呼ばれるマニラの空港である。到着便が少ないのか、イミグレーションはがらんとしていた。乗客がブースに並びはじめると、職員がどこからかやってきて、イミグレーションのブースに座るというゆるさだった。

「もうアジアだな」

着ていたセーターを脱いだ。

僕の後ろに並んだのは、中年の男性グループだった。

「ありゃなんや。あんたが安いからっていうから、話に乗ったけど、機内食はないし、金はとるし……」

「カップヌードルやしな」

「まあ、そういうな。安いんやから」

「そりゃそうやけどな……」

セブパシフィック航空の話だった。機内では遠慮していて話せなかったらしい。

片道1万800円。そこに燃油料や税金などが加算されて2万4286円。日本に乗り入れているせいか、LCCの相場からするとかなり高い気がする。それでも、関空とマニラを結ぶ既存の航空会社よりはだいぶ安い。しかし、LCCという航空会社のスタイルを知らなければ、愚痴も出ようというものだ。LCCは、ようやく日本に乗り入れたばかりなのだ。

だが僕らは、その安さに浮かれているわけにはいかなかった。日本を発《た》つ前からわかっていたことでもあったのだが、ここからLCCを利用する旅の苦行が待ち受けていたのだった。

僕らは、関空からシンガポールまでのLCCを、日本で予約し、航空券代を支払っていた。といっても、僕が自宅のパソコンに向かって予約を入れ、クレジットカードの番号を入力して支払っただけのことだ。LCCの航空券というものは、厳密な意味ではパソコンのなかにしか存在しない。出発時刻を知りたいときなど、そのたびにパソコンを立ちあげなくてはならない。それは面倒なので、搭乗する人の多くは、予約が完了した画面をプリントして持参している。僕もそれに倣《なら》い、シンガポールまでの航空券を自宅のプリンターで出力した。

そのルートでは少し悩んだ。セブパシフィック航空は、マニラからシンガポールへも飛んでいた。僕らはそこから、インド方面に向かうつもりだった。しかし、マニラとシンガポールをダイレクトに結んでしまうと、アジアのLCCとしては最大の路線網をもつエアアジアに乗ることができない。やはり、アジアのLCCの草分け航空会社ははずせない気がした。

エアアジアのサイトを開き、運航スケジュールを確認した。ＬＣＣのサイトの多くは、出発地と目的地を選び、日付を打ち込むとスケジュールが出てくる。エアアジアのサイトは、国を選んで出発地や目的地を選ぶようになっていた。フィリピンを選ぶと、クラーク（マニラ）という地名が出てきた。クラークという地名が気になったが、（マニラ）である。次いでクアラルンプールを選ぶと、一日一便の運航スケジュールだった。クアラルンプールとシンガポール間は、一日七便もあった。このスケジュールなら、接続もうまくいく。

こうして僕は、このふたつの路線の航空券を買った。クラーク（マニラ）からクアラルンプールまでが９９５０円。クアラルンプールからシンガポールまでは２４７０円だった。飛行時間は、クラークからクアラルンプールまでは、関空からマニラまでとほぼ同じである。地図を見ても同じぐらいの距離だ。ＬＣＣの値段は、シーズンや曜日に左右され、出発日が近づくと高くなる傾向があるから、一概に比べるわけにもいかないが、関空からマニラまでの２万４２８６円に比べると、ずいぶん安くなった。半分以下である。これから先、僕らはＬＣＣを乗り継いでいくのだが、会社によって差が出るものの、四時間ほど乗って一万円前後というのが相場になっていく。やはり日本に絡《から》んだ路線はＬＣＣといえども高いのだ。空港の使用料や人件費がそうさせるのか、日本での航空運賃の値頃感のようなものが影響しているのか。そのふたつの要素のためなのかもしれないが、やはり日本は高かった。関空から、ふらふらの蚊帳のなかに入った僕らは、マニラから先の路線に乗って、ようやくＬＣＣの運賃世界に入り込んだようだった。

ＬＣＣの予約は神経を使う。コンピュータに打ち込む名前のスペルひとつ間違えることはできないし、数字の入力も半角と全角に注意しないとはじかれる。ＬＣＣも、席の指定や保険など、さまざまな質問を、画面上の英語で聞いてくる。

ふーッ。

ようやく完了の画面まで辿《たど》り着き、ひと息ついたとき、クラーク（マニラ）という地名が気になってきた。クラークというのは、かつてのアメリカ空軍基地のあったクラークだろう。ＬＣＣはこういった空港に好んで乗り入れていた。大空港は混雑し、効率のいい運航の妨げになったし、そもそも利用料が高かった。そこでクラークなのだろうが、マニラ空港からどのくらい離れているのかわからなかった。エアアジアがクラーク（マニラ）と書くぐらいだから、それほど……と高をくってもいた。だが、その距離を目にして溜息《ためいき》が出てしまった。

「八十キロ？」

約四十キロと書いてある資料もあって、フィリピンらしいアバウトさが漂ってきた。いや、そういうことではない。クラークは、マニラからけっこうな距離があるのだ。ちょっと乗り換えるというわけにはいかない距離だった。

クラーク空港からクアラルンプールに向かう飛行機は、翌朝の午前十一時四十五分の出発だった。ということは午前九時半頃には、クラーク空港に着いていなくてはならない。

クラーク空港までの道……。マニラの熱気とともに、あの末期的な交通渋滞が蘇《よみがえ》ってきた。とにかくひどい混雑なのだ。大通りは昼間でも渋滞する。渋滞が消えるのは深夜だけだともいわれているのだ。あれは二年ほど前のことだったろうか。マニラ市内で人と会い、さて空港へとタクシーに乗ったのだが、途中で車はぴたりと停まってしまった。午後の一時頃だった。運転手は、「ヘビー・トラフィック・ジャム」とばかり繰り返す。僕は何回も時計を見た覚えがある。空港に着いたのは、出発四十分前だった。ぎりぎりだったのだ。これが、朝夕の通勤時間帯のラッシュ時になると、もう目もあてられなかった。……仮にマニラ市内からクラーク空港まで八十キロとすると、通常でも二時間ちかくはかかるだろう。そこに渋滞が加わると……いったい僕らは、朝の何時にマニラを出発したらいいのだろうか。朝の渋滞の前に、マニラ市街を抜けないと乗り遅れる心配があった。

マニラに一泊しようか。それとも夜のうちに、クラーク空港の近くまで行ってしまおうか。……クラーク空港近くにホテルがある街があるのかわからなかったが、LC好みの地方空港とはいえ、一応は国際空港である。宿が一軒もないということはないだろう。僕らは相談し、夜のうちにクラーク空港まで行ってしまうことにした。冨永君の顔にも安堵《あんど》の色があった。マニラ市内に泊まると、朝四時、五時という時刻に起きなくてはならなくなる。彼はどうも朝が苦手のようだった。

頭が痛いのは、マニラ空港からクラーク空港までの足代だった。空港を出るのは夜の十一時をまわる。この時間帯になると、クラーク空港近くまで行くバスはない。タクシーしか手段はないのだ。だがマニラの空港には、悪名高きぼったくりタクシーが待ち構えている。以前、空港でタクシーに乗り、全所持金はもちろん、身包《みぐる》みはがされ、日本大使館に助けを求める日本のヤクザの話をよく聞いた。マニラ空港のタクシーは、日本のヤクザをも襲ってしまうすご腕らしいのだ。彼らは、「日本のヤクザは服装が派手で、パンチパーマだから、すぐにわかる」とうそぶいていたという。それほど悪辣《あくらつ》ではなくても、相場の三倍、四倍とふっかけてくるのはあたり前の世界だった。そんな悪評を受けて、マニラの空港も、一般タクシーが空港で客を待つことを禁止し、事前に料金が決まり、それ以上は払う必要のないクーポンタクシーなどを導入した。安全にはなったが、このクーポンタクシーは、マニラ市民が「三倍タクシー」と揶揄《やゆ》するほど高い。ふつうの運転手に三倍の値段をぼられるのとなにが違うのだろうか……というアジアの迷路に入り込むような話なのだが、そこには、「安全は金で買え」というフィリピンの論理が横たわっているのだろう。僕らにしても、LCCで世界一周を目論見《もくろみ》、最初の到着地で、パソコンや旅の費用のすべてが、マニラの夜陰に消えてしまった……となると、やはりやるせないのだ。

しかたないか。

僕はクーポンタクシーのカウンターに出向いた。

歩きながら、こんな夜なかに、クラーク空港まで行ってくれるんだろうか……という不安が脳裡《のうり》をよぎった。

「クラーク空港の近くの街まで行ってくれますか」

と口にすると、

「アンヘラスね」

と黄色いジャンパーを羽織った、ぽっちゃり顔のフィリピン女性のスタッフが答えた。そして、まるで諳《そら》んじるかのように、二千八百五十ペソ、日本円にして五千七百円ほどの料金を口にし、クーポンに数字を書き込んだのだった。

「……？」

ここからアンヘラスという街までクーポンタクシーで向かう人が何人もいる……。その本当の意味を、僕は一時間半後に知ることになるのだ。

ぶっきらぼうな英語を口にするじいさんドライバーだった。車はやや車高が高い四輪駆動車だった。すでに車が減った、マニラ市街を走りながら、ドライバーにアンヘラスまでかかる時間を訊いた。

「二時間。早ければ一時間半」

やはりかなりの距離だった。

車は市街地を通り過ぎた。しだいにビルが消え、灯も少なくなっていく。高速道路に入り、車は百キロ近いスピードで北に向かう。辺りから完全に灯が消え、車は暗い水田地帯のなかに延びる道を走っているようだった。右手の先に、黒い山影が浮かびあがった。

「ピナトゥボ山だろうか」

窓ガラスに額をつけて、そのシルエットを追う。

ピナトゥボ山が噴火したのは一九九一年のことだった。周辺の村や町を火山灰が覆《おお》い、避難住民は六万人にも及んだ。噴火の規模から考えると、その数は奇跡的に少ないともいわれるが、犠牲者は三百人にのぼった。多くが屋根に積もった火山灰で倒壊した家の下敷きになった人たちだった。火山周辺では、火砕流も頻繁に起きたという。ピナトゥボ山から四十キロほどしか離れていなかったアメリカ軍のクラーク空軍基地も放棄せざるをえなかった。

クラーク基地はかつて日本軍の基地でもあった。太平洋戦争末期のフィリピン戦線では、この基地をめぐって日本軍とアメリカ軍の激しい戦闘が続いた。その攻防は三ヵ月も続き、やがてアメリカ軍の手に落ちる。その後、クラーク基地は、アメリカの極東軍事作戦のなかで重要な役割を担《にな》っていく。ベトナム戦争の北爆の基地にもなり、多いときで一万五千人ものアメリカ兵や関係者が暮らしていたという。

しかしピナトゥボ山の噴火は、この基地に転機を与えた。放棄された基地は、その年、スービック海軍基地と一緒にフィリピンに返還されたのだ。現在のクラーク空港は、その後に建設されたものだった。

一時はこの空港を、マニラのニノイ・アキノ国際空港に代わる空港にする構想ももちあがったようだったが、マニラからはやはり遠すぎた。そこに目をつけたのがＬＣＣだった。

クラーク空港周辺はその後、経済特区に指定されたとも聞いていたが、この暗闇《くらやみ》の先にそんなエリアがあるとはとても思えなかった。それほど周囲の風景は暗かった。街灯ひとつ見えないのだ。

車は高速道を降りた。しばらく進むと、道に沿って並ぶ貧相な家が目に入ってきた。午前零時を過ぎ、鶏の看板を掲げたフライドチキンの店も後片づけをはじめていた。セブパシフィック航空のなかで、カップ麺《めん》をひとつ食べただけだった。少し小腹もすいている。一晩だけのフィリピンである。サン・ミゲルビールも飲みたい。しかし、どう眺めても、風景は田舎町のそれである。今日の夕食は諦《あきら》めなくてはいけないのかもしれない。それよりこの辺りに、ホテルはあるのだろうか。

……車が急に、一本の広い道に出た。その先に、フィリピンのバスであるジープニーが何台も停まっていた。ドライバーはブレーキを踏んだ。

「フィールズ」

左手を指で示した。

「フィールズ？」

目を疑った。

不夜城のような灯が揺れていた。

# 第2章　クラーク空港・クアラルンプール

「なんだ？　ここは……」

僕ら三人は、呆然《ぼうぜん》とネオンを見上げていた。三人とも中型のザックを背負い、手にはキャスター付きの鞄《かばん》を引いていた。冨永君に至っては、日本のままの黒い冬用のジャンパーを着ている。しかし店の前では、極端に短いミニスカートにタンクトップのフィリピン女性が、道行く男たちに声をかけていた。そんな店が、道に沿って延々と何十軒も続いているのだ。

ホテルを探して、新宿の歌舞伎町《かぶきちょう》に迷い込んでしまったお上りさんのようだった。

「これ、どれもゴーゴーバーですか」

「なかで水着の女の子が踊ってるんですよね」

「トップレスもいるだろうな……」

「連れ出しもOKなんでしょうかね」

「フィリピンだからな。なんでもありじゃない？」

冬ざれの大阪から、突然、南国の歓楽街に放り込まれた僕らは、ただ立ち尽くすばかりだった。しかし、あれだけの水田地帯の先に、こんな街があることが信じられなかった。ピナトゥボ山が噴火し、この辺りは厚い火山灰に覆《おお》われたはずである。それから十数年しか経《た》っていないのだ。

アメリカ軍が駐屯する基地の近くには、必ず夜をひさぐ女たちが集まるものだ。バンコクのパッポン、マニラのマビニストリート、沖縄の金武《きん》……。しかし、噴火を機に、クラーク空軍基地は放棄されてしまった。その後、空港ができたが、それはフィリピン軍が管理している。もうアメリカの影はないはずだ。いや、まだなにかしらの関係が続いているのだろうか。

それにしても、この街は唐突すぎた。

ドライバーの説明では、アンヘラスの歓楽街がフィールズだった。マニラ空港から、クーポンタクシーでこの街に直行するのは、クラーク国際空港からLCCに乗る人ではなかったのだ。フィリピン女性の太ももやおっぱいを触り、夜の女を見定めるためにやってくる男たちだったのだ。

まず荷物を置かなくてはならなかった。近くにあった『BAR&HOTEL』の看板を掲げる店に入ってみた。なかにはビリヤード台が置かれ、その横に小部屋が並んでいた。店で知り合った男と女がしけ込む部屋……。

「そういうことか」

「世界一周の最初の晩から、そういうのもまずいでしょ」

「そうだよな」

神楽坂《かぐらざか》のマクドナルドでコーヒーを飲みながら、封筒に入った経費を渡してくれた新潮社の編集者の顔が浮かんだ。日本を出発して六時間ほどしか経っていないのだ。

フィールズの裏通りのビジネスホテル風のホテルに入った。フロントで手続きをしていると、背後からニンニクの匂《にお》いが流れてきた。そこは食堂になっていて、日本人に似た若者が半袖《はんそで》の下着のシャツのまま、飯をかき込んでいた。

「韓国人？」

フロントの女性に訊《き》いた。

「そう、ここの宿泊客は九〇パーセント、韓国人」

「九〇パーセント」

「だって、オーナーが韓国人ですから」

通りを歩きながら、やけに韓国料理屋やハングルが多いことが気になっていた。フィリピーナと腕を組みながら歩いていた中年男性たちは、韓国人のようだった。アメリカ兵が去った後、この街は韓国の男たちが支えているのかもしれなかった。

妙に気が急《せ》いた。荷物を置くのももどかしく、僕らはフィールズのメイン通りに戻っていた。午前一時近いという時刻なのに、ゴーゴーバーや、その周囲のカフェやレストランは、店を閉める気配すらない。サリサリストアーと呼ばれる雑貨屋にも明るいライトが点《とも》っていた。

サリサリストアーは、商品を棚や台に並べ、前面は鉄格子《てつごうし》と金網で守られている。その下にある小さな窓のような口から金を渡し、商品を受けとるスタイルだった。はじめてフィリピンを訪ね、このスタイルの店を見たときは切なかった。雑貨屋はこうして自衛しないと売り上げや商品を守れないのだ。あれから二十数年が経つというのに、フィリピンはなにも変わっていなかった。両替屋の前には、銃を手にした警備員が立っている。

その横では、肌を露《あらわ》にしたフィリピン女性が、道を歩く男たちに誘い込むような視線を送っている。

冨永君は、これまでニュージーランドとアメリカ西海岸を旅してはいるが、アジアははじめてだった。その第一歩が、フィリピンという国で、それも水田のなかに忽然《こつぜん》と現われたアンヘラスという街だったことは、彼にとって幸運だったのか、不幸だったのか。

日本に戻り、この旅の話を口にするだろう。

「はじめの街はフィリピンのアンヘラスで……」

などというと、その筋に詳しい日本人なら、

「二十一歳なのに、よく……」

などと色眼鏡で見られるような街だった。冨永君に彼女がいるのかどうかはわからないが、仮にいたとしたら、口にするとトラブルの種になりそうな地名だった。

アジアの歓楽街には、体を売ってでも生きようとする女たちの肉の匂いが、熱く湿った空気のなかで汗のようにへばりついてくる。背後には目を覆うばかりの貧しさが横たわっている。働く娘たちには、幼い子供までいる場合が多い。だが、目の前にいる彼女たちの瞳《ひとみ》は濁っていない。ことさら露にする肌から流れる汗は健康的ですらある。その明るさと、街に漂う貧しさの落差が埋まらず、若い頃の僕は、安っぽいネオンの前でただ黙るだけだった。貧困と富。単純な論理では解決できないアジアの前で、僕は黙るしかなかった。冨永君も、そんな世界にいきなり放り込まれたわけで、その熱気に圧倒されているはずだった。

しかし彼は、その種の動揺が顔に出ないタイプらしく、一見、旅慣れた日本人のようにも映る。だが、外国人からなんとか金をせしめようとするプロたちは、たちどこ

ろに、その表情のなかの若さを見抜いてしまうものらしい。目つきが少し危《あや》うい小学生ほどのふたり連れとすれ違った。ふと、ふり返ると、彼らのひとりが冨永君に抱きついていた。慌《あわ》ててその少年をひきはがした。抱きつきスリの少年たちだった。幸い、被害はなかったが、冨永君は、彼らの体が発する饐《す》えた臭《にお》いと一緒に、はじめてのアジアに接することになってしまった。

かつて、僕もフィリピンで抱きつきスリの被害に遭《あ》いそうになった。あれはマニラのマビニストリートだった。数人の少年や少女に囲まれ、彼らが肩から下げた鞄をさかんに触るので、それを追い払うようにして彼らから離れたが、背後から、「ミスター」、「ミスター」という大人の声が響いた。また鬱陶《うっとう》しい客引きの類《たぐい》かと無視していたが、執拗《しつよう》に続く「ミスター」という声にふり返ると、その男が僕の腕時計を手にもち、それを振りながら僕に声をかけていたのだった。彼は僕の時計が盗まれるところを目撃し、とり返してくれたのだった。こうして僕はアジアを教えられていった。

バンコクでも抱きつきスリに、携帯電話を盗《と》られそうになったこともある。バンコクには、花を売り歩く貧しい少年や少女がいるのだが、スクムヴィット通りで、ひとりの少年がしつこく花を売りつけてきた。きつく、「いらない」といって離れたのだが、ふとジャケットのポケットに手を入れると、携帯電話が消えていた。慌ててふり

スポーツバーで。目の前がゴーゴーバーです。念のため

返ると、その少年と目が合った。少年は花を路上に置くと、兎《うさぎ》のように逃げていった。置かれた花束に近づくと、萎《しお》れ、花びらの先が黒ずんだカーネーションの下に、僕の携帯電話が置いてあった。

　アジアを長く歩いていると、そんな勘だけは鋭くなる。

　フィールズの中心街にある、一軒のスポーツバーに入った。ヨーロッパのサッカーの試合がテレビから流れていた。その店にはオープンのテラス席があり、そこに座ると、向かいのゴーゴーバーがよく見えた。客引きの女と目が合うと、しきりに店に来いと誘ってくる。曖昧《あいまい》に笑って、出されたサン・ミゲルビールの壜《びん》に口をつける。冷えたビールが食道を伝い、同時に汗が吹き出てくる。アジアの夜が、口中に残るビールの味と一緒に蘇《よみがえ》ってくる。

　正面の店は『Treasure Island』というゴーゴーバーだった。その横も『Typhoon』

というゴーゴーバーだった。よく見ると、この二店は、バラックのような一軒家をふたつに分けて店をつくっていた。屋根にはトタンが載っている。ときどき客の出入りがあり、扉が開くと、店の音と灯が路上に流れだす。店のなかには、お決まりの金属ポールがあり、それを手に水着姿の女性が体をくねらせている。男たちは一軒のゴーゴーバーに入り、ビールを一杯ひっかけ、しばらくすると隣の店のドアを開ける。こうしてその夜の女を探し歩いていくのだ。

それぞれの店の前には、三、四人の女たちが立っていて、そぞろ歩く男たちに声をかけ、僕らに向かって視線を投げてくる。『Treasure Island』の前に立つひとりの女が、短いジーンズのスカートをずり下げ、尻《しり》の割れ目を見せつけて媚《こび》を売る。隣の女は、Tシャツを黒いブラジャーあたりまでたくしあげる。

「すごいことになってきた」

冨永君がコーラを飲みながら、上ずった声をあげる。ぎっしりと肉が詰まった白い肌がネオンの点滅に映し出される。昔に比べれば、小太りのフィリピン女性が多くなってきた気がする。阿部氏がコンパクトカメラをテーブルの上に置き、そっとシャッターを押す。

「トレジャー・アイランドって、財宝の島つまり宝島って意味だよな」

「財宝？」

「女たちが財宝って意味？」

「そういえば、アンヘラスってスペイン語っぽい呼び方だけど、スペルはＡｎｇｅ……エンジェルじゃない？　語源は」

財布に入っていたタクシーのクーポンをとり出した。

「Angeles」

「天使の複数形ならAngelsじゃない？」

「でも、きっと天使なんだよ。ここの女たちは」

目の前に、ときどき煙草《たばこ》売りの男たちが現われた。仕事をそっちのけで、僕らの店のテレビが映すサッカーに見入る男もいた。『Treasure Island』の女たちとふざけて尻を触り合う男もいた。いまは中年の男が、「煙草いらない？」と寄ってきている。

「煙草、ひと箱売って、どれだけ儲《もう》かるのかね」

と思っていると、煙草の下に忍ばせていた小箱をとりだした。みるとバイアグラだった。それが彼らの本業らしい。

時計を見ると、午前二時をまわっていた。フィールズの通りは、まだ静まる気配すらみせなかった。

目覚めると、別の街に変身してしまったようなアンヘラスが目の前にあった。ホテルの前の道は、通勤のバイクで渋滞が起きそうなほどだった。朝陽がフィールズの通りに反射している。昨夜のできごとが幻だったような気になってくる。

空港までは車で十分ほどだった。ホテル付きのタクシー運転手がただで乗せてくれた。

「ガソリンを入れに行くから、ついでに送ってやるよ」

そんな距離だった。アンヘラスはクラーク空港に隣接した街だったのだ。

クラーク空港は、アメリカからフィリピンに返還された後、フィリピン軍が管理していた。そこにLCCが乗り入れているわけだ。日本でいったら、アメリカから払い下げられた自衛隊の空港を、民間航空会社が使う構図になる。そうはいっても、空港は軍の管轄《かんかつ》だからセキュリティーチェックの回数は多い。ターミナルに着くまでに、三回の検問があった。もっとも兵士が車内をさっと見渡す程度の、簡単なものだったが。

クラーク空港は、深呼吸をしたくなるような、空の広い田舎空港だった。ターミナルは平屋で、周囲にはビル型の建物がなにもなかった。空港に着いたとき、まだター

アンヘラスから空港へ。途中にチェックの甘い検問もある

クラーク空港は、空軍基地らしく練習機を展示し、周囲は公園になっていた

ミナルは開いていなかった。国際空港といっても、発着便は一日に数便のようで、それに合わせてターミナルが開くらしい。すでにかなりの数の乗客が集まっていた。ターミナル前は、広い芝生の広場になっていて、そこに運動会で使うような大きなテントが置かれ、日陰になったところに椅子《いす》も並べられていた。ここが空港待ち合い場所だったのだ。

ここが国際空港といっても信じてもらえないかもしれないが……。搭乗客はテントの下で待つ

テント下の席は大方埋まっていて、僕らは芝生の上に寝転がった。『DIOSDADO MACAPAGAL INTERNATIONAL AIR-PORT』という、この空港の正式名が掲げられたターミナルの上に、一月のフィリピンの青空が広がっていた。これからじりじりと気温が上がるのだろうが、いまは東京でいえば十月頃の気温である。この広場で運動会でもやりたくなるような心地よさだった。そこには、大空港の無機質な空気はなにもなかった。

エアアジア機内。簡素。ただ簡素

再び暇な時間に放り込まれた。クラーク空港からクアラルンプールまで約四時間。航空会社は、セブパシフィック航空からエアアジアに変わったが、システムは怖いほど似ている。飛行機はエアバス320と同一で、シートピッチも狭い。機内では音楽も映画もない。違いといえば、客室乗務員の制服ぐらいのように思えてくる。圧倒的に暇な時間もやはり同じなのだ。

機内食を買って食べるぐらいしかすることがない。僕はやはり二百円ほどのカップ麺《めん》を買い、阿部氏は焼き飯に鶏肉《とりにく》のサテというセットを頼んだ。これは三百円ほど。エアアジアの機内食も、セブパシフィック航空同様に安かった。一口もらったが、電子レンジで温めるだけの主張のない味だった。冨永君は、飛行機が滑走路を走りはじめた頃から爆睡モードに入ってしまった。機内はほぼ満席で、体を横にすることもできなかった。シートの間隔は狭いが、人間、眠ければどんなに窮屈なスペースでも舟を漕《こ》いでしまう。昨夜はあまり眠ることができなかったのだろうか。フィールズの女がスカートをずり下げ、露《あらわ》になった尻の割れ目がいけなかったのだろうか……。

乗客はフィリピン人が圧倒的に多かった。目的地はマレーシアのクアラルンプールである。マレー人とフィリピン人の顔つきや肌の色は、ときに区別ができないほど似ているのだが、チェックインのときに手にするパスポートは、ほとんどがフィリピンだった。服装はフィリピン人にしたら地味だった。アメリカ人女性のバックパッカー三人連れのラフな格好が目立つほどだった。彼らも皆、機内で眠り続けていた。おそらく朝の四時頃起き、クラーク空港に向かうバスに乗ってきたのだろう。なかには徹夜組もいるのかもしれない。

僕は暇に飽かせて、機内誌をめくる。『TRAVEL 3SIXTY』という、いくら考えてもその意味がわからないタイトルの雑誌だった。やたら派手な色使いだったが、めくっていると、数独《スウドク》と間違い探しがあるページが出てきた。

「お、これで暇が潰《つぶ》せる」

と手を停めたが、すでに数独は空欄に数字が書き込まれ、間違い探しは、みつけた所が丸く囲まれていた。他の席の雑誌なら……と阿部氏のラックの機内誌を見、冨永

エアアジアの機内メニュー。写真はおいしそうだが……

君の前に差し込まれた機内誌を開いてみたが、どちらもしっかりと数独にはボールペンの数字が書き込まれ、間違い探しには印がつけられている。

「……」

皆、暇だったのだ。

これはもう寝るしかないか。

関空（関西国際空港）からの便は夜の飛行だったから、窓の外を見る気も起きなかった。しかし今日は昼間のフライトである。だが窓外に広がるのは、雲と怖いぐらいに青い空だけである。雲がなければ、地上の海や陸地が見え、「あれはベトナムの海岸だろうか」などと、飛行ルートを辿《たど》ってみることもできるのだが、今日の雲ではそれもできない。いったいいま、どの辺りを飛んでいるのかもわからない。エアアジアは、南西の方向の先にあるクアラルンプールをめざして、単調なエンジン音を残しているだけなのだ。

ふいに隣で寝ている冨永君が寝返りを打ち、

「いいですよ」

と寝言をいった。なにがいいのだろうか。

関空で飛行機に乗り込む前の会話を思い出した。

「高校生のとき、親からは大学へ行って公務員になるのがいちばんだっていわれてました。でも公務員になるつもりなんてまったくなかった。将来、どんな仕事に就きたいっていう希望もなかった。だから、大学には行かなかったんです」

「高校を出てからなにをしてたの？」

「ときどきリゾバを」

「リゾバ？」

「リゾートバイト。夏の知床《しれとこ》とか上高地、水上《みなかみ》のスキー場でもやりました。住み込みで、食事は出るし、リゾートって遊ぶ所がないから、金が貯《た》まるんですよ。楽な仕事じゃないですけどね」

「ちゃんと勤めないんだ」

「ニートですから」

はっきりと、まるで職種を伝えるかのように、彼は答えた。その語気の強さが気に

飛行機を降りると徒歩でターミナル（LCCT）へ

なった。彼はいま、どこかのリゾートで、アイスクリームを売っている夢でも見ているのだろうか。

到着したのは、マレーシアの首都、クアラルンプール国際空港の敷地のはずれにあるLCCT（ローコストキャリア・ターミナル）だった。このターミナルは、空港のメインターミナルから道路を通ると二十キロも離れていた。

LCCは飛行機の運用効率を高めようと努力を重ねている。飛行機が飛行場に駐機している時間をできるだけ短くしようとしているのだ。そのためには、発着便が多く、混み合う空港は避ける傾向がある。エアアジアが、マニラ空港ではなく、クラーク空港を選んだ理由はそんなところにもあった。

エアアジアは、発着便が多いクアラルンプール空港のメインターミナルを嫌い、その敷地内に自前のターミナルをつくってしまった。それがLCCTだった。LCCの専用ターミナルというわけだ。その建物は、設備よりも効率を優先していた。LCCが使いやすいように設計したのだ。もちろん、経費の節減がポリシーだから、ターミナルも簡素なものになる。実際、LCCTを遠くから眺めると、格納庫のようだった。日本人だったら、郊外の国道沿いにある大型ホームセンターにも映るかもしれない。

飛行機を降りた僕らは歩いてターミナルへ向かう。節約のために、ボーディングブリッジはなく、バスも使わないのだ。ときに空港を襲うスコールに備えて、大量の傘と屋根付き通路が用意されていた。

LCCを乗り継ぐ旅というものは、首都やメインとなるハブ空港を避けるようなターミナルを結ぶ旅のようだった。なにか世界の裏街道をつないでいくような気分になってくる。安さを選ぶと、こういう世界が待ち受けているということらしい。

クアラルンプール空港のLCCTにも、チェックインをする前に待つ冷房の効いた待合室などなかった。ターミナルの前に、椅子とテーブルが並んだ屋外のスペースはあったが、そこはターミナル内にあるマクドナルドでハンバーガーやコーヒーを買った客の専用スペースのようだった。チェックイン前に待つスペースも省略してしまっているのだ。チェックインカウンターが開くまで、床に座って待つ人も多い。僕らは

クアラルンプールのLCCT。屋外の待合室。暑い。バスターミナルの活気を思い出した

しかたなく、マクドナルドでアイスティーやコーヒーを買い、椅子に座って待つことにした。季節はもう夏だった。

クラーク空港では、半袖《はんそで》シャツの上に薄手のジャンパーを羽織っていたが、それもすでに鞄《かばん》のなかだった。

「ふう……っ」

前日の夕方まで、最高気温が十度を下まわる世界で、コートを着込み、手袋をはめていたのだから、なかなか体がこの熱気に追いつかない。汗腺《かんせん》が十分に開かない感覚で、体のなかに熱がこもってしまう。

シンガポール行きのエアアジア便の出発まで、五時間近くもあった。クアラルンプールとシンガポールの間に、エアアジアは一日七便も飛んでいる。もっと乗り継ぎのいい便はあったのだが、僕はその日の最終便の航空券を買っていた。これがLCCの不便なところなのだが、いったん購入した航空券は、その予約を変更することができない。運賃の払い戻しも原則、できない。日本で販売されている格安航空券は、FIX航空券という変更不可のものが多いから、日本人はそれほど「変更不可」という条件に抵抗感はないのかもしれない。しかし世界で流通している航空券の多くは、オープン航空券という予約変更が可能な航空券なのだ。LCCの「変更不可」という条件は、僕らが考えている以上のプレッシャーを世界の乗客に与えている気がする。

乗り継ぎに五時間以上の余裕をみたのには理由があった。しばらく前、僕はすでに出発してしまったシンガポール行きのエアアジアの航空券を握りしめ、このターミナルに駆け込んだことがあったのだ。

中国の杭州《こうしゅう》でのトラブルが原因だった。

二ヵ月前のことだ。その頃、日本にはまだLCCが乗り入れていなかった。日本からLCCの航空網に入るには、日本を出発する既存の飛行機で脱出し、近いLCC乗り入れ都市に向かうしかなかった。セブパシフィック航空が運航している台湾の台北《タイペイ》やフィリピンのマニラ、エアアジアが乗り入れている中国の深圳《しんせん》や杭州……あたりが近かった。そのなかで杭州を選んだ。

そこに行くにも、不自由な日本の航空券事情が横たわっていた。日本発の航空券は、シーズンをはずせばかなり安いことがあるが、そのほとんどは往復航空券だった。団体割引航空券のバラ売りという誕生のスタイルをまだ引きずっているのだ。しかしLCCは、片道航空券をベースにしている。往復は片道料金の二倍という単純な発想だ。つまり、LCCの世界に分け入るには、日本から片道航空券で入り込んだほうが好都合なのだ。

しかしこれがなかなかみつからない。日頃から懇意にしている旅行会社が、やっとみつけてきてくれたものが、韓国のアシアナ航空が販売する東京－ソウル－杭州という片道航空券だった。そこからクアラルンプールまで、エアアジアが就航していた。

杭州の出発時刻は、夜の十一時二十五分だった。余裕をもって、九時頃、杭州(蕭山)国際空港のチェックインロビーに向かった。入ってすぐのところに人だかりがあった。気にもせずに電光掲示板の前まで進んだ。

「取消」

赤く光る文字が目に入ってきた。中国では欠航のことを取消と表現するらしい。またひとつ中国流の表現を覚えた。

……そういうことではなかった。

これは困ったことなのだ。杭州空港に発着する国際線はそう多くない。だからエアアジアもこの空港を選んだのだろう。掲示板に映し出された便はひとつしかなかった。入口のところに集まっていたのは、僕と同じ便に乗る人たちだったのだ。その輪のなかに分け入らなくてはいけなかった。乗客の多くは、列を並んでつくることができないことでは名うての中国人たちなのだ。腹に力を入れなければならない場面だった。

エアアジアは、たまに遅延や欠航があることは前から聞いていた。僕も一回、体験している。以前、チェンマイからバンコクに戻るとき、三時間ほど遅れたことがあった。乗客たちは、意外なほどおとなしく、待合室に座っていた。LCCと乗客の間には、暗黙の了解のようなものがある気さえした。運賃が安いのだから、少しぐらい遅れても……という感覚である。だが、今回は遅れではない。欠航なのだ。不安はあった。空港で明朝まで待ってくれ……といったことを、スタッフは平気な顔で口にするような予感すらした。

ところがエアアジアの対応は、予想以上にしっかりしていた。輪の中央には、なかなか美人の中国人スタッフがいて、髪をふり乱しながら説明に追われていた。しかし中国語である。ここで負けてはいけない……と人を押しのけて前に出た。

英語で説明してくれた。彼女によると、今晩は杭州のホテルに一泊し、明朝、上海《シャンハイ》から出発するクアラルンプール行きに振り替えるという。ホテル代と上海の空港までの足はエアアジアが負担するという。僕はそのスタッフと携帯電話番号を交換した。下心……いや、そういうことではない。こうでもしておかないと、情況がつかめなくなるのだ。英語を話すスタッフは貴重な存在だった。

エアアジアの用意したバスで、杭州市内のホテルに向かった。LCCだから、ローコストホテル……安宿とはいわないまでも、二百元、日本円で三千円ほどの格安ホテルかとも思っていたが、着いたのはインターコンチネンタルホテルだった。僕がこれまで、中国で泊まったことがない高級ホテルだった。チェックインをする欧米人は、一泊千五百元を払っていた。日本円にすると二万二千円ほどになる。僕はその値段がわかったとき、ホテルのフロントの柱の陰に身を隠したい心境だった。僕が買った航空券は1444元だったのだ。杭州からクアラルンプールというエアアジアにしては長い路線で、エアアジアXという大型機を運航させる会社が受けもっていた。距離が長いのだから、運賃も高くなるのだが、それでも杭州のインターコンチネンタルホテル一泊分より安かった。その便が欠航になり、このホテルにただで泊まろうとしているのだ。出費にはことのほかうるさいエアアジアのことだから、ホテルとは割引料金で話をつけていることに違いはないだろうが、若い頃から貧乏旅行ばかり続けてきた僕は、どこか居心地の悪さに苛《さいな》まれてしまうのだった。

心の揺れがいけなかったのだろうか。なんの前触れもなく鼻血が出てきてしまった。その頃、僕は突然の鼻血に悩まされていた。日本を出発する四、五日前、電車に乗っていたときに、急に鼻孔を伝って血が出てきたことがはじまりだった。鼻水かと思うと鼻血なのだ。ティッシュを鼻に詰め、しばらくじっとしていると止まるのだが、なんの予兆もなく鼻孔から流れ出る鮮血に慌《あわ》ててしまうのだ。こともあろうに、インターコンチネンタルホテルのロビーで、鼻血が出てきてしまった。無意識のうちに、興奮して鼻の粘膜が切れてしまっていたのだろうか。

ソファで顔を少し上に向けて休んでいる間も、搭乗者の宿泊手続きは進んでいた。これまでも何回か、この種のトラブルに巻き込まれていた。こんなときは早い者勝ちの論理がまかり通ることも知っていた。しかし、鼻血をポタポタ垂らしながら、手続きをするというわけにもいくまい。僕がフロントに向かうことができたときは、そこにできた列も終わりかけている頃だった。フロントの向こうにホテルのスタッフがいて、手前にはエアアジアの職員がいた。パスポートと出力した航空券を渡すと、名簿に名前を書き込み、中国語でたずねてきた。ホテルのスタッフの通訳に頼るしかなかった。

「明日の朝の便は、もう席がないそうです」

「はッ？」

困ったことになってしまった。

僕はクアラルンプールから先の航空券も買ってしまっていたのだ。クアラルンプールからシンガポール、そしてインドのバンガロール（ベンガロール）……。杭州からの便が予定通りに出発すれば、余裕で乗り継ぐことができるスケジュールを組んでいた。だが、明日の朝の便になると、その接続が難しくなる。それどころか、明朝の便に席はないという。

この相談は、すでに空港ですませていた。英語を話す職員は、こう説明してくれた。

「クアラルンプールからシンガポールまでは、同じエアアジアなので別便に振り替えます。バンガロール？　たぶん大丈夫でしょう」

明朝便のスケジュールすらわからない状態では、この言葉を信ずるしかない。しかしそのとき、明朝便の席に限りがあることは聞かされなかった。交換した携帯電話番号に連絡するしかなかった。電話はすぐにつながった。

「席はあるはずです。おかしいな。いま、空港から、そちらのホテルに向かう車のなかなんです、着いたらチェックして連絡しますから」

待つしかなかった。

部屋に入ったのは午前一時頃だった。キングサイズのダブルベッドが置かれ、窓際《まどぎわ》には立派なソファセットが置かれていた。広い部屋だった。ベッドとソファの前で前転ができるほどだった。窓からは杭州の夜景を見下ろすことができた。

「一泊二万円を超える部屋だもんな」

広いベッドにごろんと横になる。

電話はなかなかかかってこなかった。午前二時になり、二時半になった。携帯電話のリダイアルのボタンを押した。

「すいません。いったんホテルに行ったんですけど、コンピュータの返信がなくて。いま空港に戻るところ。空港から上海とクアラルンプールに連絡をとります。もう少し待ってください」

「………」

早い者勝ち――。

それしかないと思った。

翌朝のバスは、朝五時に出発すると聞かされていた。上海の空港まで三時間かかるという。エアアジアの予約サイトでは、杭州（上海）と記されている。その間がバスで三時間というのは、仙台（東京）と書くようなもので、広い中国とはいえ、これには無理があるような気がしたものだった。とにかくそのバスに、いちばん乗りを果たすことだった。

チェックアウトは四時か……。

時計を見た。午前三時近かった。一時間しか眠ることができない。二万二千円の部屋の高級ベッドで一時間。

「なんだかな……」

なのである。

バスのいちばん乗りが効を奏したのか、僕は上海の空港で、なんの問題もなくチェックインをすませることができた。午前十時発のマレーシア航空のクアラルンプール行きだった。「席がない」とホテルで聞かされた話はなんだったのだろうか。ほっとひと息ついたところで、電話が鳴った。

「クアラルンプールの空港では十六番のカウンターに行ってください」

その声は少し疲れていた。おそらく彼女は徹夜だったのだろう。その声に、「連絡が少し遅くないですか」という文句を呑《の》み込んでしまった。僕はずいぶん人のいい乗客なのかもしれなかった。しかしよく聞くと、クアラルンプールからの返事はないようだった。先に不安は残していたが、とにかく進むしかなかった。

　飛行機の席に戻ると、おしぼりが配られた。これはLCCではなく、フルサービスのマレーシア航空なのだ。間もなく映画が上映された。『ハンコック』だった。イヤホンを耳にあて、チャンネルを動かすと、吹き替えの日本語が聞こえてきた。やがて出された機内食を口に運びながら、LCCとの違いを実感していた。

　エアアジアは頼りなかった。効率化に走るあまり、いざ欠航になると、自社の代替機を使う余裕がないのだ。結局は、同じ国のマレーシア航空に頼るしかなかった。マレーシア航空は、通常の航空会社だから、定時運航のために多くの費用を使い、サービスに神経を使う。しかしその分、コストが高くなり、運賃も高くせざるをえないのだ。

　一般的には、LCCと既存の航空会社の間には激しい競争の倫理が横たわっている。新興LCCが、安い運賃を武器に、既存航空会社の乗客を奪ってしまうからだ。だがエアアジアとマレーシア航空の間には、巧みな共存倫理が働いていると聞いていた。マレーシア航空の赤字路線を、エアアジアが引き受けることがよく起きていた。エアアジアは、採算のとれない路線にバス並み運賃をぶつけ、利用者を増やすことで黒字に転換していくという仕組みだった。マレーシア航空から引き受けたすべての路線が黒字に変わっているわけではないだろうが、航空業界の構造変化がマレーシア国内で起きていた。そこにはＡＦＴＡ（アセアン自由貿易圏）に代表される汎《はん》東南アジア主義も影響を与えている気がする。ＡＦＴＡとは、アセアン諸国内の関税を引き下げ、ＥＵ（欧州連合）に似たような自由貿易地域をつくる構想である。この政策を牽引《けんいん》したのが、二〇〇三年まで、マレーシアの首相を務めたマハティールだった。その発想はいまのナジブ首相にも引き継がれているといわれる。アセアン諸国の人々が、ＬＣＣを使い、バス感覚で東南アジアを移動することは、ＡＦＴＡの構想を下支えすることなのだ。

だが、ＬＣＣと既存航空会社は、そうスムーズにリンクしているわけではなかった。その現実は、上海の空港を発《た》ったマレーシア航空機が到着したクアラルンプール空港で待ち構えていた。

あたり前の話だが、マレーシア航空は、ハブであるクアラルンプール空港に着いた。そこから先は、エアアジアだから、ＬＣＣの専用ターミナルであるＬＣＣＴに移動しなくてはならない。シンガポール行きにうまく乗り継げるのか……という不安を抱えた僕は、できるだけ早くＬＣＣＴに移動したかった。黄がかかったライトに照らされ、これみよがしに光る二十四金ネックレスや高級腕時計が並ぶ免税店の前を足早に通りすぎ、エアロトレインと呼ばれる空港内の電車に乗り、メインターミナルに辿《たど》り着いた。そこにあったインフォメーションカウンターに駆け込んだ。

「エアアジアに乗り継ぎたいんですけど」

「じゃあ、LCCTに行ってください。この先のイミグレーションで入国して……」

「はッ？」

「入国審査を受けてください」

「空港内で乗り継げない……」

「LCCTは遠いですから」

「遠い？」

「二十キロ先です」

「はッ？」

「二十キロです」

「はぁ……」

同じ空港内だというのに、いったんマレーシアに入国しなくてはならなかった。そして二十キロの距離を移動する……。

先を急いだ。イミグレーションでマレーシア入国のスタンプを捺《お》してもらい、空港の外に出た。そのときは荷物が少なく、すべてを機内もち込みにしていた。

LCCT……。

シャトルバスがあるものだと思っていた。しかしその案内がない。またしてもインフォメーションのお世話になった。

「シャトルバスはありますが、本数が多くないんです」

「急いでるんです」

「じゃあ、タクシーですね」

とターミナルのなかを指差した。バッゲージクレームの横にタクシーカウンターがあるという。急ぎ足でそこに戻り、LCCTまでと告げた。

「三十八リンギットです」

「はッ？」

「二十キロありますから」

三十八リンギットは、日本円にすると約千百円。

やはり二十キロだった。

パーム油を採るアブラヤシのプランテーションが延々と続いていた。道はその畑を切り拓《ひら》くようにつくられている。開けたタクシーの窓から、南国の熱風が吹き込んでくる。

「空港ってこんなに広いんだ」

クアラルンプール空港の隅から隅へ移動したようなものだった。

LCCTは混みあっていた。人をかき分けるように、上海で教えられた十六番カウンターをめざす、三人の客が並んでいた。

上海からの連絡が入っているのかはわからなかった。しかし便の変更はすんなり通った。その日の午前十時に発つ便の予約は、午後七時五十分発に変更になった。そのカウンターは、特定の便のチェックインを受けるのではなく、欠航や遅延で乗り継ぐことができなくなった乗客専用だった。浅黒い肌をした中年のマレー人男性が担当だった。いってみればクレーム処理のような立場である。若いスタッフには荷が重いセクションだった。

カタカタとプリンターから出力された新しいチケットを受けとった。シンガポール空港の到着時刻が気になった。

「シンガポールに午後八時五十分……」

「定刻に着きます」

杭州便の欠航というトラブルに遭った客を安心させたかったのだろう。僕はおもむろにインドのバンガロール行きの航空券を差し出した。そこには、午後九時十五分という出発時刻が記されていた。それを見た中年男性の職員は、ひ弱な薄い笑みをつくった。

その意味がよくわかった。

杭州からクアラルンプール、そしてシンガポールはエアアジア便の乗り継ぎだった。杭州からの便が欠航になったが、そのフォローは終わっていた。杭州のインターコンチネンタルホテルを手配し、マレーシア航空に振り替え、シンガポール行きも他の便に替えてくれた。その間、一銭の金も支払っていなかった。いや、正確にいうと、クアラルンプール空港内の移動で千百円ほどがかかったが。

だが、シンガポールから先は違った。シンガポールに拠点を置くタイガー・エアウエイズというLCCだったのだ。

「別会社のフライトまでは……」

それが薄い笑みの裏に隠された真実だった。そこまではエアアジアとしては責任を負えない。しかし杭州便が欠航になったことで起きたトラブルであることも事実だった。僕の主張を受けることはできないが、そっけなく断るわけにもいかない……。

LCCの予約の難しさだった。LCCはどの区間でもインターネットを通じて自由に航空券を買うことができる。片道でも往復でも自在だ。異なった航空会社の航空券を乗り継ぐようにして買うこともできる。そのときのフライトスケジュール調整は、個人の判断になる。

乗り継ぎの航空券を買う場合はふたつのケースがある。同一の航空会社間で乗り継ぐ場合は、航空会社の責任になる。はじめに乗る便が遅れた場合は、航空会社の責務になり、別の便や航空会社の負担で他社便に振り替えられる。空港の乗り継ぎ時間も、五十分とか一時間と決められている。ダッシュして乗り継ぎますから……といっても許してくれない。

難しいのは他社便に乗り換えるときだ。この場合は、原則として、両航空会社に責任はない。はじめの航空会社の飛行機が遅れても、乗り換える先の飛行機が待ってくれるようなことはない。しかしこれでは航空券が売れないという事情があるのか、乗り換える先の飛行機の予約をとるとき、○○航空の○便から乗り換えといった情報を添える。このインフォメーションが、どれだけの効力をもつかはケース・バイ・ケースといったところだろうか。

こういった予約で気を遣ってくれるのは、航空会社より旅行会社である。各空港の乗り換え時間を調べたり、遅延が多い航空会社かどうか……などを考慮しながら、安全策を探ってくれるのだ。

　ところがLCCは、旅行会社とは無縁の流れで予約が入っていく。個人と航空会社という、いたってシンプルなつながりなのだ。LCCの運賃の安さは、旅行会社を排除していることも一因なのだが、航空券を買う個人にしてみれば、相談相手が消えてしまったことを意味していた。すべて自分で判断して予約を入れていかなければならないのだ。勢い、余裕をもった接続になるのだが、なかには、「ダッシュで乗り換える」といった予約を入れてしまう人もいる。それぞれの勝手なのだ。その代わり、乗り換えることができなかったら、他の便に振り替えることもできない。

　ダッシュ……。

　僕の場合は、まさにそのケースだった。自分で選んだわけではなかったが、そういうことになってしまったのだ。

「どう思います？」

　僕はエアアジアの男性職員に質《ただ》した。

　しかし、ノーともイエスともとれる、薄い笑みが返ってくるだけだった。

　午後八時五十分に着いて、午後九時十五分に出発する——。乗り換え時間は二十五分。一般的に考えれば、無理な接続だった。その間に、チェックインをすませなければならない。到着が早まり、出発が遅れる……。そのわずかな可能性にかけるしかないような話だった。

シンガポール行きのエアアジアは、予定通りに出発した。LCCTは、LCCの王道を行くターミナルだから、節約は徹底している。ターミナルからは歩いて飛行機に向かう。暗くなった空港に停まるエアアジアの機体には、『Now everyone can fly』という文字が大きく書かれている。「誰でも飛ぶことができる」――。そんな訳になるだろうか。しかし僕の願いは、一分でも早く、シンガポール空港に着くことだった。まんじりともしない一時間だった。

いや五十分だった。

エアアジアは十分早く、シンガポールのチャンギ国際空港のターミナル1に到着したのだ。乗り換え時間は三十五分になった。女神は少し微笑《ほほえ》んでくれたのかもしれない。僕は到着ロビーを走り抜け、トランスファーデスクに駆け込んだ。手にしたタイガー・エアウェイズのバンガロール行き航空券をデスクの上に出した。スタッフはその紙を一瞥《いちべつ》すると、こういったのだった。

「タイガー・エアウェイズはバジェットターミナルから出発します」

「はッ？」

そんなターミナル名など聞いたこともなかった。シンガポールのチャンギ空港は、これまでもときどき使っていた。ターミナル1からターミナル3まであることは知っていた。しかしバジェットターミナルなど初耳である。不審な僕の視線を察したのか、スタッフは丁寧に説明してくれた。

「LCC専用ターミナルです。まず入国審査をすませ、そこからスカイトレインでターミナル2へ。地下に降り、バスに乗って向かってください」

「………」

天を仰ぐしかなかった。行き方を覚えることも難しそうなルートの先にバジェットターミナルはあった。電車に乗り、バスに乗り換える？　脳裡《のうり》にLCCTが浮かんだ。シンガポール空港にも、LCC専用の裏ターミナルができていたのだ。

それでも僕は、入国審査をすませ、電車に乗ってターミナル2に向かった。その途中にあるモニターには、出発便が映し出されていた。見ると、バンガロール行きのタイガー・エアウェイズがまだ残っていた。出発時刻は午後九時二十五分。十分遅れている。またしても女神が少し微笑んでくれた。腕時計を見た。九時十五分。

あと十分……。

ターミナル2に着き、地階に降りるエスカレーターに乗った。その途中にもモニターがあった。怖々と見あげる。

まだある。

と、次の瞬間——。

タイガー・エアウェイズの文字がぷつんと消えた。

飛び立ってしまったのだ。

バンガロールまでの206・99シンガポールドルも消えた。日本円にして1万3951円である。LCCは払い戻しができないのだ。

シンガポール空港のターミナル2のベンチに座っていた。目の前をシンガポールにやってきた日本人観光客が通りすぎる。東京からの便が着いたのだろうか。体が眩《まぶ》しいほど輝いている。明日から、シンガポール観光が待っている。

「バジェットターミナルか……」

もし、タイガー・エアウェイズが、ターミナル1から出発してくれたら、乗り換えることができたかもしれない。なにしろ、女神が二度も微笑み、乗り換え時間は四十五分もあったのだ。シンガポール空港がLCC専用ターミナルなどつくらなければ
……。

「ん？」

素朴な疑問が浮かんだ。

「エアアジアはLCC……」

エアアジアは、バジェットターミナルに着くのが筋ではないか。思い出したのは、出発前に読んだ業界誌の記事だった。それは昨年（二〇〇八年）の九月に来日したエアアジアのトニー・フェルナンデスCEOの講演をまとめたものだった。

クアラルンプールとシンガポールの間には、マレーシア航空とシンガポール航空がシャトル便を就航させていた。この路線にエアアジアが乗り入れたのは、昨年の二月だった。交渉に六年かかったという。マレーシア航空とシンガポール航空にとってドル箱路線にLCCが就航することへの抵抗が大きかったのだ。

それが理由なのかもしれなかった。エアアジアが、シンガポールのチャンギ空港に乗り入れる条件は、使用料の高いターミナル1を使うこと……そこで手が打たれた気もした。もっとすっきり話が進めば、エアアジアはバジェットターミナルを使ったはずである。そうなっていれば、僕はバンガロール行きのタイガー・エアウェイズに……。

考えてもしかたなかった。

シンガポールの宿を探すしかなかった。

トラウマになってしまった。日本でエアアジアの航空券を買うために、そのスケジュールを眺めながら、どうしても乗り継ぎ時間が短い便を選ぶことができなかった。しかし、こういう準備をしたときに限って、エアアジアはスケジュール通りに運航してしまう。いやこれが本当なのだが。

クアラルンプールのLCCTのターミナル前の屋外の椅子《いす》で時間を潰《つぶ》すしかなかった。気まぐれにパソコンのスイッチを入れてみた。画面が立ちあがり、無線LANの接続を選んでみる。

「おッ」

僕は短い声をあげた。セキュリティがかかっていない強い電波を拾った。『LCCT－INTERNET』と名づけられた電波だった。このターミナルの屋外待合いスペースには、無料で使うことができる無線LANの電波が流れていたのだ。メールの受信をクリックすると、次々と届いたメールを読み込んでいく。

メールを無視して、タイガー・エアウェイズのサイトを開いた。

クラーク空港からクアラルンプールに向かいながら、僕はひとつの不安を抱いていた。日本でシンガポールまでの航空券は買ってあった。しかしその先は、現地で手に入れていくつもりだった。つまりそのとき、僕らはシンガポールから先の航空券をもっていなかった。

航空券のグレーゾーンのひとつに、訪ねる国を出る航空券の問題がある。例えば成田空港からタイのバンコクに向かったとする。片道航空券やバンコクで買った航空券の復路航空券でチェックインをしようとすると、必ずといっていいほど、こう聞かれるのだ。

「ビザか帰りの航空券はおもちですか？」

それらがないと搭乗できない可能性があるのだ。これは国際線に乗るときの基本原則でもある。というのも、訪ねる国で入国を拒否された場合、航空会社の負担で、出発地に戻さなければならないというルールがあるのだ。だが、この決めごとがきちんと守られているかというと……そうでもない。日本人の場合は、そのチェックがかなり甘くなることが多い。タイの場合も、イミグレーションで、タイを出国する航空券の提示を求めることはまずない。律儀《りちぎ》に守っているのは、日本の空港のチェックインカウンターだけなのだ。

一般には往復航空券で往復する人が多いから、あまり気にしない人が多い。しかし今回は、ＬＣＣの片道航空券だけでつなぎ、世界をぐるりとまわる。この〝訪ねる国を出国する航空券問題〟が常につきまとうことになる。

シンガポールは、ほぼ問題ないことはわかっていた。杭州発のエアアジアが欠航になったとき、僕はシンガポールに入国したが、イミグレーションでは、出国する航空券の提示は求められなかった。

イミグレーションの職員は、さまざまな点をチェックする。いちばんのポイントは、不法滞在の可能性だろうか。三十年ほど前に僕はシンガポールのイミグレーションで入国を断られた経験があった。そのときは陸路で、マレーシアのジョホールバルからシンガポールに入国しようとした。ザックを背負い、色褪《いろあ》せたTシャツ姿の僕は、所持金の総額を訊《き》かれた。僕は入国カードに、シンガポールの滞在日数を、いいかげんに一週間と書いていたのだ。僕の所持金額を耳にした職員はこういったものだった。

「あなたの所持金では、シンガポールに二日ほどしか滞在できません」

すごすごとマレーシアに戻るしかなかった。それ以来、僕はシンガポールが嫌いになった。

実は僕の妻も入国でもめたことがあった。家族でシンガポールに行ったときだった。さすがにそのときは身なりも普通で、所持金もそれなりにあったのだが、妻がふたり目の子供を身籠《みごも》っていた。すでに安定期に入っていたので、飛行機にも乗ったのだが、膨らんだ腹を一瞥《いちべつ》したイミグレーションの職員の手が止まった。

「別室へ」

そこで妻は、シンガポールでは子供を産まないという書類にサインをさせられた。バングラデシュやインド人のなかには、子供にシンガポール国籍をとらせるために、出産目的でやってくる人がいるのだった。僕は再び、シンガポールが嫌いになった。

シンガポールのイミグレーションで、なにをいわれるのかはわからなかった。風体や顔つきをチェックすることは確かだった。僕はLCCTの屋外待合席に、だらりと座る阿部氏と冨永君に視線を向けた。顔つきはしかたないとしても、身なりもチェックされる。冨永君は高校時代の体育の時間に着ていたらしいよれよれのジャージを穿《は》いていた。白いストライプも薄汚れている。

「航空券を買っておいたほうがいいな」

僕はタイガー・エアウェイズのホームページを見つめた。

シンガポールからインド方面へは、バンガロールとチェンナイに就航していた。それぞれスケジュールを調べていく。

冨永君もノートパソコンを持参していた。

「ねえちゃんが買ってくれた」

という軽い超小型パソコンだった。台湾のメーカーのものだった。安さと軽さで人気を集めていると聞いたことがある。彼は掌《てのひら》にひょいと載せて操作してしまう。羨《うらや》ましい軽さだった。僕のノートパソコンはA4サイズで、長時間使えるようにとオプションの大きなバッテリーがついている。確かに五、六時間は大丈夫なのだが、やたら重い。旅先で、僕の鞄《かばん》を手にした知人から、

「下川さん、こんな重い鞄を持って旅をしてるんですか」

と呆《あき》れられたことがある。重くて悪かったなぁ……といいたいところだが、僕が買った頃、ノートパソコンは軽くなればなるほど値段が張ったのだ。しかしパソコンは次から次へと新しくなっていく。

LCCのスケジュール調べは煩雑《はんざつ》だ。ひとつのLCCのサイトを立ちあげ、さらにもう一社のサイトを立ちあげて日程を見ていかなくてはならない。シンガポールから先の場合、インド方面へはタイガー・エアウェイズ、インドから西はエア・アラビアの便数が多い。バンガロールルートを僕が調べ、チェンナイルートを富永君に見てもらった。

LCCのサイトを立ち上げてから一分ほどがすぎただろうか。

「あッ」

冨永君のパソコンの画面が消えたのは、この直後だった。パソコンがふたつあると楽だったのだが

冨永君が短い声をあげた。なにかすごいルートでも発見したのかと、僕はパソコン画面から顔をあげた。

「バッテリーが終わっちゃいました」

「………」

予約の足しにならないパソコンである。冨永君は、無線LANがつながると聞くと、さっそく自分のパソコンを立ちあげていた。ところが、最初に見たのは、株や外国為替の動きだった。

「日経平均がちょっと戻ってきたな」

などと食い入るように画面を見つめていた。株は塩漬け状態ですよ、といっていたが、やはり気になるらしい。そんなことをやっているから、バッテリーが終わってしまうのだ。それにしても、パソコンを立ちあげてからそれほど時間もたっていないではないか。台湾製パソコンは安くて軽いが、バッテリーに難があった。屋外の待合席だから、近くに電源もみつからない。その後、いくつかの国で僕らはＬＣＣの航空券を買っていったが、冨永君のパソコンはほとんど役に立たなかった。電源があるところでしか使えないのだった。

　結局、僕のパソコンで調べるしかなかった。


「３００か……」

　パソコンの画面を見ながら腕を組んでしまった。シンガポールへは、おそらく定刻に着くだろう。すると翌日の夜にチェンナイ行きの便がある。そしてその翌日、アラブ首長国連邦のシャルジャに向かうエア・アラビア便につなぐことができた。バンガロールへは翌々日の便しかなかった。とするとシンガポールに二泊しなくてはならなくなる。あの街に二日いてもなぁ、と運賃を見て手が止まった。ＬＣＣの運賃は、最初にベーシックの運賃が表示され、予約を進めていくと、燃油料や税金などが加算されて最終的な運賃になる。燃油料や税金に大差はないから、運賃の比較はベーシック運賃を見ることになる。それがチェンナイとバンガロールでは大幅に違っていたのだ。

　翌日のチェンナイ行きが３００シンガポールドル。ところが翌々日のバンガロール行きは90シンガポールドルだったのだ。僕は首を捻《ひね》った。チェンナイに特別な行事でもあるんだろうか。バンガロールは人気がないんだろうか。

エアアジアの出発便。これがすべてエアアジアの便である。これほどの密度になっていた（LCCT）

……90に負けた。

やはりこの基本運賃には触手が動く。日本円にして5400円ほどである。その前ではシンガポール二泊もしかたない。

「90シンガポールドルのバンガロールでいくよ」

阿部氏と冨永君に声をかけた。

緊張するLCCの予約がはじまった。パスポート番号をふたりから聞き、名前のスペルまで確認して入力する。代表である僕の場合は、国籍、住所、郵便番号、家の電話番号、携帯電話番号……と次々に打ち込んでいく。入力漏れがあると、先の画面に進むことができない。その途中にも、さまざまな選択がある。飛行機の座席平面図が出てきて、席の指定はするかと聞いてくる。食事は事前にオーダーするか、荷物は何キロか、座席や食事は……。クリックすると、

「はい、5シンガポールドル」

といった具合に、運賃に加算されていく。

「おっと、有料か」

と画面を戻って、指定なしを選ぶ……などと行きつ戻りつしながら進めていくのだ。すべて英語の世界である。予約が終わると、次は支払い画面に進む。クレジットカードの種類、番号、そしてカードの裏に書いてある番号、国籍、住所……と続くのだ。

僕は入力のとき、いつも冨永君の名前のスペルを聞いてしまった。後日、彼から、

「何回いっても名前を覚えてくれない」

という不平を耳にしたが、それには訳があった。旅のスタートに使ったセブパシフィック航空の予約で、僕は冨永君のスペルを間違えてしまったのだ。『tominaga』なのだが、『tomimaga』と入力し、それに気づいたのは、支払いまで終わった後だった。スペルひとつというわけにはいかない。パスポートのスペルと違うわけで、これで彼が搭乗できなかったら申し訳ない。

僕は大阪にあるセブパシフィック航空に電話を入れた。

「すいません。そういう訂正は、こちらではできないんです。フィリピンのコールセンターに連絡してください」

国際電話をかけなくてはならなかった。オペレーターは気さくそうなフィリピン女性だったが、会話は英語である。スペルの確認に、「インドのｉ」などという航空業界のいい方を使う。最初は、なにをいっているのかと思った。こんなところで業界用語を使うなといいたかったが、フィリピンでは一般に通っているいい方なのかもしれなかった。

今回は間違いなく『tominaga』と入力した。何回も確認し、最後の画面まで到達する。クレジットカードの支払い画面の入力が終わり、送信すると、一分ほどの待ち時間画面が現われる。クレジットカードを、航空会社のコンピュータでチェックしているのだろう。

この時間が、いちばん心臓に悪い。

「よし」

完了の画面まで辿《たど》り着いた。

運賃は燃油料、税金、保険などが加わって、ひとり195シンガポールドルになった。日本円で1万1878円だった。シンガポールからバンガロールまでの飛行時間は四時間十五分ほどである。直前の予約だったが、やはり安い。

これで冨永君の汚れたジャージにクレームがついても大丈夫だ。イミグレーションでコンピュータを立ちあげ、この画面を見せれば入国させてくれるだろう。そんなことをしている旅行者を見たこともないが、これで説明することができる。

周りの席は飛行機の出発を待つ人や出迎え客で入れ替わりが激しかった。こんな屋外の待合席で、航空券を買うことができることが不思議な感覚だった。これがLCCの世界なのだろう。周囲の雑踏におかまいなく、コンピュータの端末と無線LANがあれば、インターネットを通じて航空会社とつながっている。

ひと息つき、時計を見た。

出発までまだ三時間もあった。

# 第3章　シンガポール・バンガロール

タイガー・エアウェイズの搭乗券もペラペラの感熱紙だった

インドのバンガロール（ベンガロール）の空港でもらった頼りない地図を頼りに、僕らはバンガロールの下町を歩いていた。インドのＩＴ産業の中核であるバンガロール。人口は六百万を超えている。南インドの政治、経済の中心都市で、カルナータカ州の州都でもある。その発展するバンガロールを目《ま》のあたりにするなら、ＭＧロードやそこから延びるブリゲイドロードに行けばいいと教えられていた。泊まったホテルが、バンガロール・シティ駅の近くだった。地図からはＭＧロードまでの距離感がわからなかった。

「ここまでが一キロだから、歩いて行けるんじゃない」

「いや、この地図、だいぶいい加減だよ」

「インドだしな」

「いや、ここはバンガロールだよ」

歩いて行こう……などという言葉が口をついて出たのは、この街の気候がことのほか心地よかったからだ。赤道に近いシンガポールの空気は熱帯のそれで、ときどきスコールに洗われる街は、熱い空気と湿気につつまれていた。そこからバンガロールまで僕らを運んだタイガー・エアウェイズは、それほど北上したわけではなかった。バンガロールの緯度は、タイのバンコクあたりだった。しかしこの街の標高は九百五十メートルもあった。海からは遠く離れた内陸である。湿度が嘘《うそ》のように消え、気温も十度ほど下がっていた。昨夜、空港から乗ったタクシードライバーは、素足にサンダル履きだというのに、毛糸の帽子を被《かぶ》っていた。「足元を暖くしないとだめなんだよ」。寒風がビルの間を吹き抜ける東京からやってきた旅行者は、親切心を抱いてしまうのだが、そう伝える語学力をもちあわせていなかった。

地図から視線をあげると、白いワイシャツを着、手にファイルを持ったサラリーマン風の男と目が合った。

妙な感覚だった。これまで何回かインドの土を踏んでいるが、こういう人と人との距離感覚ははじめてだった。無視するわけではないが、互いの距離感を縮めようともしない。こちらから声がかかるのを、そっと待っているかのような表情なのだ。

「あの……MGロードへは……」

男は笑顔をつくるわけではなかった。だが僕の言葉をちゃんと聞いている。

南インド……。

これまで何回、この国を訪ねただろうか。十回は超えているかもしれない。しかしその旅は、ことごとくデリーやコルカタを起点にしていた。北インドばかりだったのだ。インドの北部は、スリナガルまでも行ったことがあるというのに、南インドはとことん縁がなかった。

はじめてインドを訪れたときから、インド人の人との距離感覚に手を焼いていた。コルカタのサダルストリートにたむろするしつこい物売りの話ではない。一般のインド人でも、ふと気がつくと、彼らの距離感にからめとられてしまっている。それは男も女も関係なかった。

こんなことがあった。寒いスリナガルの空港だった。僕はそこからレーに向かう飛行機のチケットを買おうとしていた。しかし悪天候が続き、前々日から便は欠航していた。乗ることができなかった客がロビーにあふれている。空港の警備にあたる中年の兵士が近づいてきた。

「今日は飛行機が飛ぶんですか」

僕の方から訊《き》いた。

「飛びます。でも、前々日からの客で満席ですよ」

「……………」

どうしたらいいのか、僕は悩んだ。明日出直そうか。それとも陸路……。考えていると兵士が口を開いた。

「英語がわからないの？」

会話は英語だった。この程度の会話なら理解できる。ただ、迷っていただけなのだ。兵士に悪気はないのだろう。親切心でそう口を開いたのに違いない。だが、日本人の感覚では、この言葉は出てこない。

デリーでこんなこともあった。そのとき、僕は列車でデリー駅に到着し、駅前から自転車リキシャに乗って、安宿街に行こうとしていた。リキシャが動こうとすると、草色のサリーを着た若い女性がやってきた。当時はリキシャが少なかったのか、どうしてそういうことになったのか記憶も虚《うつ》ろなのだが、その女性はリキシャ夫となにやら話して、僕の隣に乗り込んできてしまった。そして、あたり前のように、彼女が持っていたスーツケースを、僕の膝《ひざ》の上にどんと置いたのである。

インド人の兵士と女性の対応……。インドに詳しい人は、どう説明するだろうか。レディーファーストの国。英語が補助公用語の役割を果たす国。……そんな理由を引き出すのだろうか。大国主義に結びつける人もいるかもしれない。しかしどの言葉もしっくりとこない。彼らは無意識のうちに、インド式の空間を、人と人の間につくり

バンガロールのショッピングモール

あげてしまうのだ。そこにカーストにはじまる、インド式宇宙観が入り込んでくるから、ユーラシア大陸の東のはずれにある島国からやってきた旅行者は、思考が混乱し、やがては停まってしまうのである。

しかし、それは北インドの話にすぎなかったのだ。

目の前にいるバンガロールの男性は、いたって普通だった。肌は北インドを埋めるインド人と同じ色をしているというのに、インドという土地で、どうしても身構えてしまう僕には、肩の力がスーッと抜けるような感覚を与えてくれるのである。

男は、あそこに来るバスに乗るといい、と教えてくれた。

「私も途中まで行きますから」

やってきたバスに飛び乗った。車掌に五ルピーを渡す。男は途中で降りたが、そのとき、「あとバス停で三つ」と指を三本立てた。やはり普通だった。北インドでは、親切な人に出会うと、自分のことなどそっちのけで、最後までついてきてくれた。コルカタを中心にしたベンガル系のインド人にそんなタイプが多かった。たしかにありがたいのだが、度を越すとうざったくもなる。バンガロールのインド人は、いたって普通だった。度をわきまえていた。

僕らはMGロードからブリゲイドロードを歩いた。インド離れした洒落《しゃれ》た店も多い。ピザやファストフード店やカフェも目立つ。エスカレーターやガラス張りのエレベーターのあるショッピングセンターもある。だが、このレベルなら、デリーの郊外のニュータウンやムンバイの繁華街とさしたる違いもない。地図やTシャツを両手いっぱいに抱えて歩く物売りや雑貨屋に座る男はインドそのものである。

しかしこの街を歩きはじめてから、僕はずっと首を傾《かし》げていた。文字が違うのだ。店の看板は英語も多いのだが、現地語の文字が、これまで目にしてきた北インドの文字に比べるとだいぶ丸みを帯びていた。北インドの文字は、横に延びる一本の線を軸にしていたが、その線もない。

「この文字をどこかで見た……」

前日の記憶が蘇《よみがえ》ってきた。

シンガポールではすることがない。路上で思案に暮れる。空を見あげるしかないか

シンガポールの街を歩いていた僕らの足は、自然とインド人街に向かってしまった。

シンガポールに着いた翌日、僕らはお決まりのマーライオンを見に出かけた。さまざまな国からやってきた観光客がカメラを構える光景を眺めていた。

「これからどうします？」

「……どこへ行こう。セントーサ島もないしな」

セントーサ島は、小島を利用したテーマパークだった。ビーチもあるらしい。男三人でジェットコースターもどきに乗り、ビーチでキャーキャーいうのもないだろう。僕はもう五十四歳なのだ。

「ナイトサファリとバードパーク、シンガポール動物園の三つに行ける共通チケットが、特別価格で四十シンガポールドルだそうです」

冨永君が空港でもらった無料地図を見ながらいう。放し飼いのオランウータンを呆《ほう》けた顔で見ろというのだろうか。

「世界一大きい観覧車もあるそうです」

「あれだろ？」

僕らはマーライオンの前の海の向こうに見える観覧車を見つめた。男三人で観覧車に乗るってのもなあ……。阿部君の発案で、マーライオンから近いチャイナタウンに行ってみることにした。しかしその街は、再開発の手が加えられ、車が入らないフードセンターのようになっていた。

路上のオブジェ。ぶつからないように注意しよう

昔は、道路に沿って、南洋風の建物が並び、その一階にさまざまなチャイニーズレストランが軒を連ねていた。たち昇る湯気や、流れ出る八角の匂《にお》いにアジアを感じたものだったが、ここまで小ぎれいになると、とても触手が動かなかった。

リー・クアンユー、ゴー・チョクトンとシンガポールの首相は続き、いまはリー・クアンユーの息子のリー・シェンロンに引き継がれた。リー・クアンユーが敷いた公園都市構想は、その足並みを弛《ゆる》めてはいないようである。

たしかにシンガポールは快適な街だ。多くのビルが建ち並んでいるというのに、驚くほど緑が豊かで、南洋の鳥の鳴き声がいつも聞こえる。街には蚊やネズミといった不快な動物がまったくいない。昨夜、僕らはホーカーズという屋外の屋台村で遅い夕食をとったが、蚊には一回も刺されなかった。すごいことだが、よく考えると怖ろしいことのような気にもなる。

街にはゴミがほとんど落ちていない。舗道には多くのごみ箱が置かれ、頻繁に回収される。道路の間に植えられた芝生の上では、蛍光色の線が入ったジャケットを着たバングラデシュの男や女が、ほうきを手に掃除をしている。

アジアの都市は、街の清潔さを維持することに頭を痛めている。ごみ箱を置き、多くの清掃作業員を雇えば解決することはわかっているが、その予算がとれない。勢い住民の関心を高めるしかなく、ごみはもち帰るという発想を浸透させるために、次々にごみ箱を撤去していく。しかしシンガポールは、外国人労働者を雇い、街の美化を維持しようとする。公園都市は、こうして保たれているのだ。

地下鉄やバスは整備され、街の治安もいいから、なんの不安もない。この街に着き、歩きはじめると、この快適さに、

「楽だな……」

という言葉が口をついて出てしまうのだが、半日も街を歩いていると、行くところがなくなってしまうのだった。

結局はインド人街だった。

インド人街といっても、シンガポールにあるわけだから、路地を牛が歩き、側溝から人のウンコや動物の糞《ふん》が混じった汚水が溢《あふ》れるコルカタのダウンタウンとは違った。しかし地下鉄のリトル・インディア駅を出ると、どこからともなくインド線香の匂いが漂い、安売店の店頭には、香辛料や石けんなどが乱雑に積まれ、アジアの猥雑《わいざつ》な空気を少しは感じとることができるのだった。

一本の路地を入ると、収穫祭を祝う仮設のステージがつくられていた。そこにある檻《おり》には三頭の牛がつながれていた。ヒンドゥー教を信ずるインドの人々にとって、牛は神聖な生き物で、祭りには欠かせないものだった。しかしシンガポールでは、生きた牛を檻に入れて祝うだけでも大変なことだった。なにしろ初代首相のリー・クアンユーが、

「臭くなるから禁止」

と豚小屋をシンガポールから消した歴史が残っていた。それなりの許可を得なければ、生きた牛をインド人街にもち込むことは難しかったはずだ。僕はステージの上にできた日陰に腰をおろした。駅から十分ほど歩いただけなのだが、汗が額を伝う。オーチャード通りやシティーホール周辺に比べるとずいぶん暑い気がする。建物に反射する陽差しも眩《まぶ》しい。ゴテゴテとしたインド人街の飾りも、この陽差しのなかでは暑苦しい。

「やっぱり木かな」

向かいにある携帯電話店を眺めながら呟《つぶや》いた。

インド人街の収穫祭。シンガポールの牛は、インド人街でも不自由そうだった

インド人街には、シンガポールの中心街にあれだけ多い緑がまったくなかった。

僕らは近くの店で休むことにした。冷たいものがほしい熱気だった。オープンエアーの店に座り、向かいにある小さなホテルを眺めた。そこに掲げてある看板の文字が気になった。インド系の文字なのだが、どこかが違う。形が丸っこいのだ。

僕らはそこから、地下鉄に乗ってホテルに戻った。シンガポールの地下鉄の表示にもその文字をみつけた。英語、中国語、そしてその文字……。どうも公用語のひとつになっているようだった。

つながった気になった。

あの文字だった。

バンガロールで使われている文字によく似ているのだ。シンガポールにいるのは、北インドの人々ではなく、南インドの人々だった。丸っこい文字が、そう教えてくれる。シンガポールは南インドとつながっていたのだ。

帰国後、この文字について調べてみた。シンガポールで使われていたのはタミル文字だった。バンガロールの看板に躍っていたのは、カンナダ文字だった。バンガロールを州都にするカルナータカ州の公用語だ。だが、このふたつの文字は似ていた。北インドで使われるナーガリー文字とは、違う文化のなかで生まれた文字だった。

タイガー・エアウェイズは、シンガポール航空の資本が四十九パーセントというLCCである。インド方面はバンガロールとチェンナイという南インドにしか路線をもっていない。しかしシンガポール航空は、バンガロールやチェンナイ路線以外に、デリーやムンバイへも毎日就航させている。

それがLCCと既存の航空会社との違いかもしれない。既存の航空会社は、ナショナルフラッグとして就航しはじめたところが多く、どこか国の威信を背負っている部分がある。例えば、日本と中国の路線を見たとき、日本航空は成田と北京《ペキン》を結ぶ便をやめるわけにはいかないだろう。仮にいくら赤字を抱えても、首都と首都を結ぶ路線ははずせないのだ。ところが、クアラルンプールを拠点にするエアアジアは、中国の北京や上海《シャンハイ》には飛ばず、杭州《こうしゅう》や深圳《しんせん》に就航したりする。フィリピンはマニラではなく、クラーク空港に入ってしまうのだ。

LCCは国というしがらみとは無縁の航空会社である。空港の使用料が安く、利用者が多い……つまり採算が見込める都市だけに就航する。シンプルで現金な航空会社なのだ。逆に見れば、LCCが就航する路線は、人の移動が多いということになる。タイガー・エアウェイズは、インド路線のなかで、バンガロールとチェンナイを選んだ。

そういうことだった。

僕らは地下鉄に乗って、シンガポールのチャンギ国際空港に向かった。利用するの

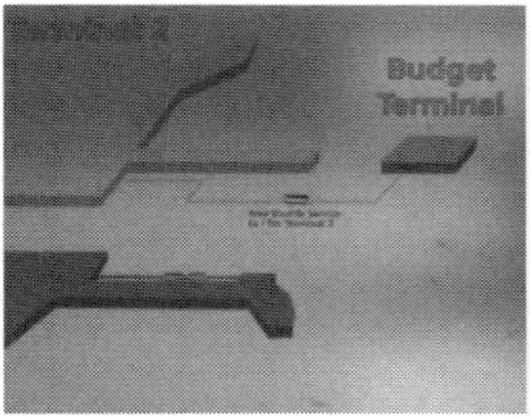


バジェットターミナルは離れ小島のよう？

バジェットターミナルへ向かうバスを待つ

空港というより、郊外パチンコ店？

は、バジェットターミナルである。ターミナル2に着くと、バジェットターミナル行きのバス表示があった。多くの乗客は、エスカレーターに乗っていくのだが、僕らはその表示に従って、脇《わき》にある通路に入っていく。店舗が一軒もない殺風景な通路だ。

「これでいいんですか？　まるで職員通路みたいだけど」

冨永君が不安そうな声をあげる。僕も自信がないが、表示通りに進むしかない。するとオレンジ色の照明に包まれた地下駐車場のような場所に出た。ここがバジェットターミナル行きのバス停のようだった。

バスには十分ほど乗っただろうか。平屋の建物が見えてきた。ＬＣＣお決まりのターミナルの構造だ。こうすれば、バスやボーディングブリッジを使わずに飛行機に誘導できる。がらんとしたロビーは、まるで格納庫のなかのようだった。

チェックインがはじまった。その列に並ぶのは、インド系の人たちばかりだった。鞄《かばん》に書かれた住所を見ると、シンガポールだった。この家族は、バンガロールに里帰りでもするのかもしれない。おそらくこの列をつくっている人の大多数は南インドの人々やそこにルーツをもつ人々だった。タイガー・エアウェイズの南インド線は、彼らの移動をとり込むために開設されたのに違いなかった。

以前、北インドを旅した後、シンガポールに立ち寄ったことがあった。あの黒目がちの瞳《ひとみ》に翻弄《ほんろう》され、北インド流の精神世界に足を突っこみ、消化不良の脳を抱えてインドを離れた僕は、できるならインド人に会わずにすごしたかった。しかし困ったことに、シンガポールでは、さまざまな場所で、インド系の人々に出会ってしまう。彼らの顔を見るたびに、僕のなかでは、耳にうるさいカラスの鳴き声や、土手の上で気持ちよさそうにウンコをする人々が並ぶ北インドの風景が蘇《よみがえ》り、つい身を硬くしてしまうのだった。

シンガポールの喫煙スペースは屋外と決まっている。バジェットターミナルも

あれは地下鉄に乗っていたときだったろうか。そのとき、僕はフレームザックを背負って乗り込んだのだが、ドア際《ぎわ》に立っていたインド系の男が場所を移り、「ここにザックを置け」といってくれたのだった。

僕は戸惑ってしまった。こいつは本当にインド系の人なのか。シンガポールに暮らしている間に、謙譲の美徳のようなものを身につけたのだろうか。このあたりの柔らかさはありがたかったが、どこか拍子抜けしてしまうような収まりの悪さに、僕は再び混乱してしまうのだった。

いまにして思えば、彼らは南インド系の人々だったのだ。シンガポールに渡って心を入れ替えたのではなく、元々、南インドの感性をもった人々だったのだ。普通の人々だったのである。

ＬＣＣを乗り継ぐ旅は、もうひとつのインドを教えてくれていた。

僕らはブリゲイドロードからホテルに戻ろうとした。バス停の場所を、ジューススタンドのおじさんに訊くと、

「あそこ。トゥクトゥクが停まっているところだよ」

と指差してくれた。

「下川さん、トゥクトゥクってタイ語のトゥクトゥクでしょ」

阿部氏にいわれて気がついた。なにげなく聞き流してしまっていたが、おじさんはたしかに「トゥクトゥク」といった。しかしここはインドのバンガロールなのだ。三輪タクシーのことを、タイではトゥクトゥクという。だが北インドでは、オートリキシャと呼んでいた。バングラデシュではベビータクシーという。バンガロールではト

ゥクトゥクなのだ……。バンガロールはシンガポールとつながっていたが、その先のタイの言葉も入り込んでいる。僕の頭のなかにある世界地図の色を、少し変えなければいけないようだった。

僕らはこのトゥクトゥクでホテルに戻った。運賃はメーター制だ。乗り込むとき、運転手はこういった。

「途中、すごく混むところがあるから、二十ルピー、プラスしてくれないかな」

僕らは頷《うなず》いた。ホテルの前に着き、金を渡すと、メーター運賃に二十ルピーを加算した釣りが返ってきた。

北インドでこういった乗り物に乗ったとき、必ずといっていいほど、降りるときにひとつの言葉が運転手の口をついて出てくる。

「バクシーシ」

チップの要求なのだ。乗るときに料金を交渉しても、バクシーシだった。だがバンガロールでは、この言葉はどこからも聞こえてこなかった。

バンガロールのホテルに戻り、パソコンのスイッチを入れた。シンガポールのホテルから続いている旅が待っていた。

旅をしている——。

もちろん僕らは実際に旅をしていた。しかしパソコンのなかでは、ひとつ先の街からの旅が続いていたのだ。

シンガポールからバンガロールまでのLCCの航空券は、クアラルンプールのLCCTの屋外待合いの席で買った。バンガロールから先の旅は、シンガポールのホテルではじまった。

ひとつの街に着き、そこから先の長距離バスや列車を探していく。それもとびきり安いクラスを選び、その片道切符でつないでいく……。それが僕らの旅だった。僕は若い頃から、そんな旅ばかりを続けてきた。片道航空券を、行く先々で買っていくLCCの旅は、そんなバックパッカーの旅を思い出させた。LCCは、「空飛ぶ路線バス」ともいわれる。路線バスを乗り継いでいく感覚なのだ。

LCCは安さを売りものにしているが、こうして片道切符をつなぐ旅は、それほど安いわけではない。僕らは関空（関西国際空港）からマニラ、クアラルンプールと三路線を乗り継いでシンガポールに着いたが、その片道切符の総額は3万6706円である。往復にすると7万円を超えてしまう。日本で売られている、関空とシンガポールを結ぶ航空券は往復で7万円を切るものもある。シンガポールだけが目的地という旅なら、日本の格安航空券を買ったほうが安いのだ。その航空券は、往路と復路が決められた航空券で、安い航空券になるほど、途中のアジアの街に立ち寄ることが難しい、という条件が加わってしまうのだが……。

しかしLCCの旅は自由だった。LCCさえ飛んでいれば、気まぐれに、さまざまな街を片道切符でつないでいくことができる。

そういうことだった。

LCCを使うことで、僕らは再び旅の自由を手に入れた。いや、旅とはそもそも、自由なものなのだ。既存の航空会社や旅行会社が繰り広げる安売り競争のなかで、旅はずいぶん歪《ゆが》められてしまった。安いことはありがたいが、出発前から帰国便を決め、変更することもできないという不自由さのなかに放り込まれてしまっていたのだ。

だがLCCの旅は、陸路の気まぐれ旅とは環境がずいぶん違う。未舗装のラテライトの道をがたぴしと走るバスではなく、まがりなりにも空を飛ぶ飛行機になった。片道切符を探す場所も違った。かつて、僕が両替レートで換算しながら見つめていたのは、バスターミナルや駅舎に掲げられた行き先表示や料金表だった。しかしLCCを探すために見つめているのは、インターネットでつながったコンピュータの画面である。

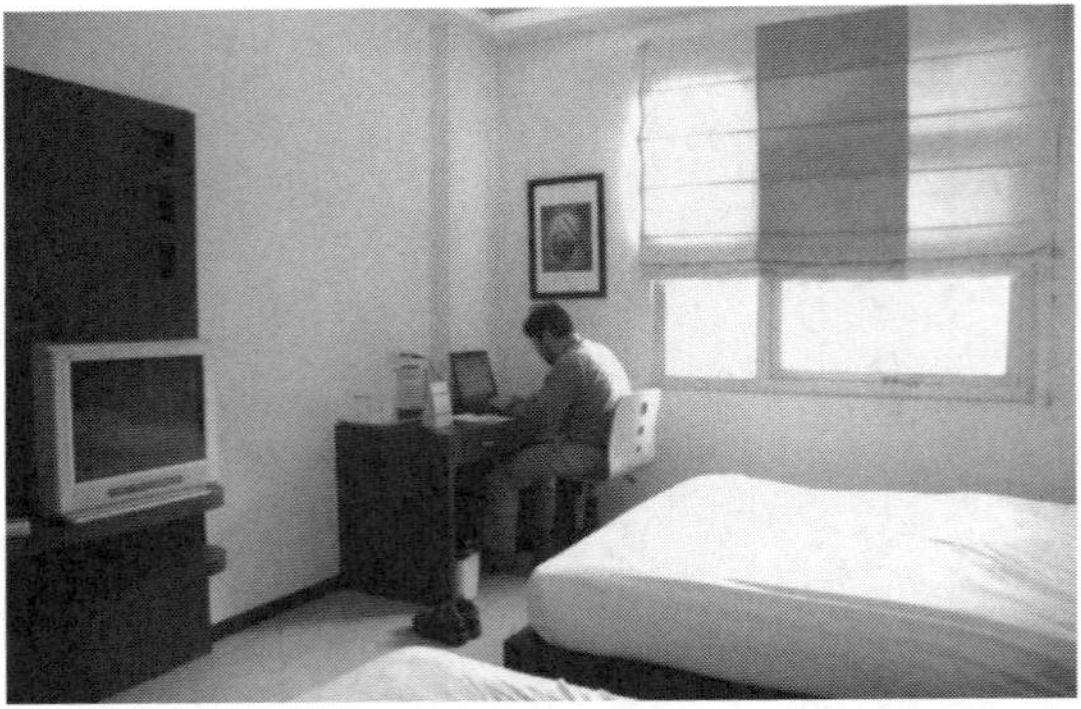

バンガロールのホテルでネット放浪。とてもインドとは思えない写真？　窓の外はどうしようもなくインドなんですが

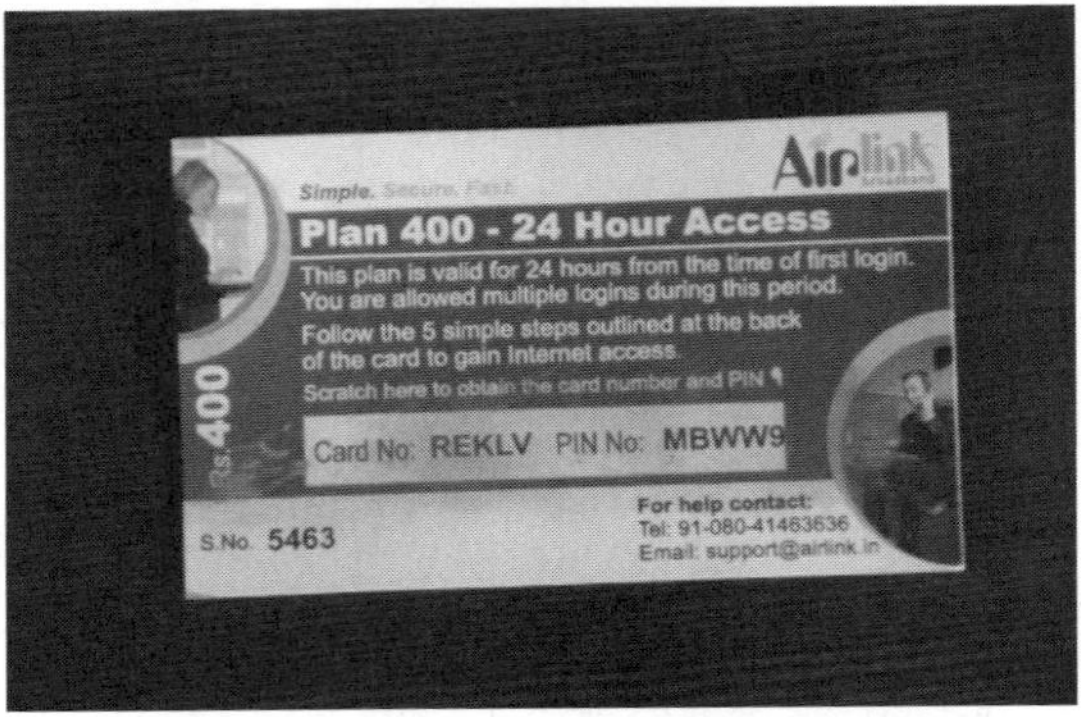


無線LANのカード。これをホテルのフロントで買う

シンガポールでは、インターネットが使えるホテルを選んだ。シンガポールのチャンギ空港のホテル予約カウンターでみつけてもらった宿は、ツインの部屋にエクストラベッドを入れてもらい、ひとり二千円ほどだった。

バンガロールでもインターネットが使えるホテルを選んだ。館内に無線LANの電波が飛んでいた。フロントでカードを買い、そこに書かれているパスワードを打ち込むと接続されるスタイルだった。インドのIT産業の拠点だからなのか、この国の中級ホテルでは、こうしたシステムが普及しているのだろうか。インターネットの使用料は、一日使い放題で八百円ほどだった。

これがLCCの旅のネックだった。泊まるホテルのランクを上げなければならないのだ。インターネットの設備は、ホテルの星の数から推測することができた。星が五つも並べば、必ずインターネットを利用することができた。しかし、当然、宿泊代も高い。そこから、星の数をひとつずつ減らしながら、インターネットに接続できるホテルを探していくことになる。街にもよるが、安宿でインターネットが接続できるところはそう多くないのだ。

長距離バスや列車を乗り継ぐ旅では、宿などどこでもよかった。一泊五百円もしない安宿で十分だった。星の数などというカテゴリーからははずれ、そのはるか下のほ

シンガポールのカフェ。南洋の鳥も近づいてくる。ここで無料の野良電波を探したのだが……

うに身を寄せあうようにして建つ宿が僕らの常宿だったのだ。「南京虫《ナンキンむし》はいないか」、「網戸に孔《あな》はあいていないか」……といった、切なくなるほどレベルの低い悩みごとが、脳の半分ぐらいを占めていた。

　僕らがシンガポールで泊まっていたのは、二ツ星か三ツ星レベルのランクのホテルだった。フロントで聞くと、インターネットは使うことはできるが、接続料金は一日で二十九シンガポールドルだった。日本円にすると千七百円もした。バックパッカーの貧乏旅行が染《し》み込んでしまっている身にしたら、このホテルの宿泊代ですら抵抗があるというのに、インターネットに千七百円も払いたくなかった。

　シンガポールに着いた翌朝に僕らはパソコンを手に街に出た。シンガポールなら、街のどこかで無料の無線ＬＡＮ電波を拾えるかもしれなかった。ホテルの近くに、

『COFFEE BEAN』というチェーン店らしいカフェがあった。見るとパソコンを開いている客がいる。店員に聞くと、無料で無線LANを利用できるという。パソコンを開くと、さすがにシンガポールの中心街だけあって、十数種類の電波を拾った。そのなかから、「Wireless@SG」、「Accesslstar Hub」など、セキュリティーのかかっていないものを選び、クリックするのだが、なかなかつながらない。クレジットカード支払いでつながるものもあったが、その料金をみると、ホテルのインターネット料金とさして変わりはなかった。

店員に訊《き》くと、「どれどれ」と自分のパスワードなどを打ち込んでくれたが、どうしても接続できなかった。いつまでもこの店で試行錯誤を続けるわけにもいかない。

「千七百円、払うしかないか……」

シンガポールは、日本に似て、俗に野良《のら》電波といわれる無料の無線LAN電波が少ない国のようだった。

ホテルでパソコンに向かった。バンガロールから先の航空券を買わなくてはならない。インドにもLCCがあったが、国内線が主体のようだった。パキスタンにもLCCがあると聞いたが、パキスタンのビザをもっていないので入国できない。今回、僕らがとったのはインドのビザだけである。今回は、ビザのいらない国や、空港でビザをとれる国をＬＣＣで結ばなくてはならない。

ある程度の目星はつけていた。アラブ首長国連邦のシャルジャを拠点にするエア・アラビアだった。南アジアや中東エリアに就航するＬＣＣはさほど多くない。選択にそれほど悩むことはなかった。次の目的地はシャルジャ。アラブ首長国連邦のなかでは有名なドバイの北東十六キロほどにある首長国だった。

バンガロール出発が午前四時四十分という、とんでもない時刻だった。僕らはバンガロール到着の翌々日の便を選んだ。一応、二日間、バンガロールに滞在することになるが、到着が夜の十一時で、出発が午前四時四十分だから、実際の滞在時間は二十九時間ほどにすぎない。少し辛《つら》いが、先を急ぎたかった。

運賃は99ディルハム。そこに３４０ディルハムを超える燃油料などチャージがついた。日本円にすると、１万８２２円。四時間のフライトだから、ＬＣＣ感覚の運賃である。

ＬＣＣのサイト画面の入力にも慣れてきていた。不安だったので、冨永君の名前のスペルは聞いたが、それ以外はスムーズに進んでいた。しかし電話番号を入れるところで、固まってしまった。

住所のところで、まず国名を選ぶ。当然、ＪＡＰＡＮをクリックする。そして住所

を打ち込み、次に電話番号に進むと、国番号欄のところに、

「452」

という数字がすでに入っていた。電話の国番号は、世界の国々に割り振られている。日本は「81」で、韓国が「82」である。この割りあてはアメリカが決めたのか、アメリカの国番号は「1」である。

僕はなにかの間違いではないかと、その数字を消して、「81」と打ち込み、先に進んだ。ところが、次の画面が表示されない。代わりに、

(国番号が違っています)

という文字が出てしまうのだ。

「電話の国番号、日本は81だよな」

ふたりに聞いた。

「そうですよ」

海外から日本に電話をかけたことがある人なら、わかっていることだ。再び「452」を消し、「81」を打ち込んだが、やはりエラーが出てしまう。

「中東では日本の国番号は452っていうことになってるわけ?」

「あれは国際的な割り振りだから、独自の番号を使ったら混乱するでしょ」

「でも81を打つとエラーになっちゃう。ひょっとしたら、アラブ圏は独自の国番号を決めてるのかもしれない。彼らは頑固にアラブの数字を使うし、文字は右から左に書くしな……」

昔、アフリカのスーダンのビザをとったときもそうだった。滞在期限の日付までアラブの数字で書かれていて、いつまで滞在していいのかわからず、困って職員に訊いたものだった。ビザというものは、基本的にスーダン人以外がとるものだから、一般の数字を使ってくれてもいいと思うのだが。アラブ圏で市場やスーパーに行き、そこに提示されている金額も『٠١٢٣』というようなアラブの数字である。二、三日も滞在するとその数字も覚えてくるのだが、それほどまでに徹底していた。

いや、そういうことではない。問題は日本の国番号なのだ。

しかたなく、エア・アラビアのサイトに従って「４５２」の先に、東京のエリア番号や自宅の電話番号を打ち込んだ。すると、スーッと次の画面に進んでしまった。

「……?」

これでいいんだろうか。

しかし、もう戻れない。なぜなのかはわからないが、航空券を買うことができてしまった……らしい。なにかすっきりしないものが残ったが、先に進むしかなかった。

本格的なLCCの旅はそこからだった。

実は出発前、いくつかの路線のLCC航空券を買っていた。関空から、マニラ、クアラルンプールを経てシンガポールまでの航空券は日本で買っていたことはお話しした。そして、アイルランドからアメリカ、そして日本までの航空券も買っていた。理由はふたつあった。

ひとつはアメリカという国の入国審査の厳しさだった。九・一一以来、アメリカの入国管理はそれまで以上に厳しくなった。日本人はビザ免除プログラムが適用されていたが、今年に入り、ESTA申請という電子渡航認証システムがはじまった。内実がどういうものなのかはわからなかったが、とにかくアメリカ大使館のホームページにアクセスし、そのフォームに従って記入し、渡航の申請番号を受けとらなくてはならなかった。そのフォームを見ると、パスポート番号といった一般的なもののほかに、アメリカ入国時に乗る飛行機の詳細も打ち込むことになっていた。入国都市や航空会社、便名、アメリカ滞在中の住所なども入力しなくてはいけないのだ。

この申請番号がなければ入国できないのか、その点が曖昧《あいまい》で困ったが、それを取得する必要があった。

アメリカに入国するときは、アメリカを出国する航空券も必要だった。アメリカは、入国後、片道航空券を買って出国する旅を認めていないわけではない。事情を伝えれば入国させてくれるのだが、それをイミグレーションという緊張する場所で、英語で説明しなくてはいけなかった。こういうアメリカ的な発想を見ると、どこがグローバル化なのだと毒突きたくもなるが、これまで何回かアメリカに入国した経験からすれば、アメリカを出国する航空券を手にしていたかった。

しかし困ったことに、世界一周の最後のルートにあたるアメリカから日本までという太平洋路線にはLCCが就航していなかった。これまでの格安航空券の片道チケットを買うしかなかった。LCCは世界のどこにいても、コンピュータで航空券を買えたが、格安航空券はそこまでの広がりがなかったのだ。

もうひとつは値段だった。LCCの運賃は、一般的に搭乗日に近づくほど高くなる傾向がある。利用者の足許《あしもと》を見ているわけだ。その傾向が強いのが、西ヨーロッパと東南アジアのようだった。航空運賃を安くあげるには、早めの購入が必要だった。東南アジアとアメリカに絡《から》んだ航空券は、搭乗する一ヵ月ほど前に買っておいた。アメリカへは、アイルランドからのLCCに乗ることにした。

シンガポールからアイルランドまでが、行く先々で片道航空券を買っていくルートになった。

中東のシャルジャまでは買った。その先はまだ空白だった。

シャルジャから先――。

僕はエア・アラビアのサイトを再び開いた。その先を、エア・アラビアで探そうとしたのだ。出発地にシャルジャを選ぶ。航空券の種類はもちろん片道。シャルジャに着いた翌日の日付を入力し、目的地をクリックした。

「なに――？」

Ahmedabad
Aleppo
Alexandria-Al Nozha
Almaty
Amman Queen Alia int
Assiut
Bahrain
Bangalore
Beirut
Chennai
Chittagong
Coimbatore
Colombo
Damascus
Dammam King Fahad
Delhi
Doha
Hyderabad
Istanbul Sabiha int Airport
Jaipur
Jeddah King A Aziz
Karachi
Kathmandu
Khartoum
Kiev
Kochi
Kozhikode（Calicut）
Kuwait
Latakia

Luxor International
Mumbai
Muscat
Nagpur
Nairobi
Peshawar
Riyadh King Khaled
Sanaa
Shiraz
Tehran
Thiruvananthapuram
Yerevan

四十を超える都市名がズラーッと出てきたのだ。そのとき、出てきた都市名を上から順に書き連ねてみる。

僕は画面を眺めながら固まってしまった。表示された都市がどこにあるのか、さくさくとわかれば、それほどの戸惑いはなかったのかもしれない。だが、いちばん上に出てきたAhmedabadからして自信がない。インドのような気もするが……。

このなかから、次の目的地を決めていかなくてはならなかった。別に都市名クイズというわけではないが、列記した都市がある国名を答えてみてほしい。半分わかれば、いいほうではないだろうか。それだけ僕らが、中東周辺や南アジアに縁遠い世界で生きているということかもしれない。混みあう首都の空港を避け、中小の空港に乗り入れるというLCCのスタンスも影響していた。知らない都市名が目的地に名を連ねる理由だった。

　部屋にいた阿部氏と冨永君に視線を向けた。協力を仰ぎたかったのだ。視線を感じたのか、冨永君は、

「俺、カタカナとアルファベットが苦手なんですよね。高校時代も、カタカナ覚えるのがいやで、世界史をやめて日本史をとったぐらいですから」

　とわけのわからないことをいった。外国の地名はよく覚えていないということをいいたいらしかった。

　いまほしいのは、テレビのバラエティに登場し、都市名をいうと、たちどころに国名を答えるような天才少年だった。彼らがどんな大人になるのかはわからないが、「カタカナは苦手なんです」とはいわないだろう。しかし、シンガポールの中級ホテルの一室にいるのは阿部氏と冨永君だけだった。

　三人で連携をとることにした。僕が検索サイトで都市名を調べる。阿部氏が地図帳を開く。そして冨永君が電子辞書で調べる……。冨永君のパソコンをインターネットにつないでもよかったのだが、そうすると、さらに千七百円の料金を払わなければいけなくなってしまう。電子辞書に甘んじるしかなかった。

まずインドやネパール、バングラデシュ、パキスタンなどの都市をみつけることにした。ネット上の購入だが、僕らは中東のシャルジャまで行っていた。南アジアの都市は、逆戻りしてしまうので、候補からはずすためだった。

Ahmedabad、Coimbatore、Nagpur……。就航するインドの都市は十都市を超えていた。なぜこれほど密度の濃い路線網をもっているのか、やがて訪ねるシャルジャで知ることになる。

ネットで検索したり、地図帳の索引を見ても出てこない地名もあった。Kochiを検索すると高知県や高知大学のホームページが出てきてしまう。よく見ていくと、インドのケララ州のコーチンだとわかる。エア・アラビアでは、そう表記していたのだ。なかなか手間のかかる作業なのだ。

アフリカのナイロビやハルツームもはずした。アフリカのLCCはまだ少なく、ヨーロッパまでの接続は難しかった。アラビア半島の諸都市も候補から落とした。バーレーンやドーハは近すぎたし、サヌアやジェッダなどはビザの問題があった。こうして残ってきたのは、シリアやヨルダン、エジプトなどの都市や中央アジア、トルコなどだった。

「Kievってウクライナのキエフでしょ」

阿部氏が地図を見ながらいう。

「ビザがなぁ。でもLCCって客が多い路線を選んで飛ぶんだろ。ウクライナとシャルジャって、そんなに往《い》き来があるんだろうか」

試しにキエフに乗り入れているLCCを調べていった。西欧や東欧から入ってくる便はなさそうで、S7航空というロシアのLCCが就航していたが、これに乗るとモスクワまで行ってしまう。

「アルマトイってカザフスタン……」

冨永君が電子辞書を見つめながらいう。

「そう。イスラムの国だから、人の往き来があるんだろうか。でも、かなり遠まわりになっちゃうな。僕はアレッポの街を見てみたいけど、シリアだから、ビザをとらなくちゃいけない」

こうして数都市が落ちていった。残ってきたのは、トルコのイスタンブール、ヨルダンのアンマン、エジプトのアレキサンドリア、アシュート、ルクソールの三都市だった。トルコとヨルダンはビザがいらなかった。エジプトは、到着した空港でビザをとることができそうだった。

ひとつだけ気になる都市が残った。エレバンだった。アルメニアの首都である。アルメニアといっても、その場所がすぐには思い浮かばないかと思う。カスピ海と黒海の間にある小さな国である。

以前、この国の国境をかすめるように走るバスに揺られたことがあった。そのとき、僕は、陸路で中国からトルコのイスタンブールをめざしていた。トルクメニスタンを列車で横断し、カスピ海をフェリーで渡り、アゼルバイジャンのバクーから、グルジアの首都であるトビリシに向かうバスに乗った。道はアゼルバイジャンとアルメニアの国境に沿うように走っていた。

午後早くにバクーを出発し、早朝にトビリシに着くことになっていた。夕方、バスはトイレ休憩をとった。バスを降りると、トイレの前に、小学生ほどの子供たちが数人たむろしていた。皆、煙草《たばこ》をこれみよがしに喫《す》っていた。バスの運転手が近づき、子供たちから煙草をとりあげ、地面に捨てた。

「アルメニアの子だ。困ったもんだよ」

目が合った運転手は、そういった。

翌朝、バスはトビリシに着いた。市街地に旧ソ連のインツーリスト系ホテルがあった。そう、スヴェリアホテルという名前だった。そのホテルのどのベランダにも、洗濯物がはためいていた。アルメニアやチェチェンからの難民たちがホテルを占拠してしまっていたのだ。バスターミナルは、おしっこの臭《にお》いでむせ返るほどだった。そこにも難民たちが暮らしていたのだ。

アルメニアという国が気になった。

その首都へ、エア・アラビアが就航している。あれから十年近い年月が過ぎ、どんな人たちがこの路線を利用するのかわからなかった。僕は、シンガポールのホテルの一室で、地図帳や電子辞書に見入る阿部氏や冨永君の目を盗むように、アルメニアのビザをネットで調べてみた。空港でビザがとれるようだった。

「アルメニアに行ける……」

ひとりごとのように呟《つぶや》いた。すると阿部氏が顔をあげた。

「アルメニア？　あのひどそうな国でしょ」

そうだった。バクーからトビリシに向かうバスの隣に座っていたのが彼だった。

「いや、空港でビザがとれるんだよ」

僕はヨーロッパのLCCを何社か調べてみた。さすがにアルメニアのエレバンという都市名は出てこなかった。盲腸線だった。アルメニアには行けるが、再びシャルジャに戻らなければならなかった。

またひとつ都市が消えた。

イスタンブール、アンマン、アレキサンドリア、ルクソールにアシュート。エア・アラビアは、その先への路線をもっていない。最終的には、アイルランドのダブリンに向かわなくてはならない。方向はヨーロッパである。これらの都市に乗り入れているヨーロッパのLCCを調べなくてはならなかった。

しかしそれは気が遠くなるような大変な作業なのだ。LCCのメッカであるヨーロッパには、数十社のLCCがある。百社以上という人もいる。そのすべてを一気に検索できるサイトはなかった。もし、そういうホームページがあれば、どんなに楽だったろうか。例えばイスタンブールを選び、そこに乗り入れているLCCがすべてわかれば、逆に辿《たど》っていけばいい。やがてグーグルあたりが、日本の列車や電車の乗り継ぎサイトのようなLCC乗り継ぎサイトをつくってしまうのかもしれないが、世界はそこまで進んではいなかった。ヨーロッパのLCCのサイトをひとつ、またひとつと開き、都市名を選び、日付を入力していかないと、イスタンブールに乗り入れているヨーロッパのLCCはみつからないのだ。

時計を見た。午前十一時だった。ホテルのチェックアウトは十二時だから、あと一時間しかなかった。その間に、残った五都市へ乗り入れているヨーロッパのLCCを選びだすのは無理だった。

「一都市に絞ろうか」

　ふたりに声をかけた。

「そうだな。行ったことがない都市を選ぼうか」

　僕の旅心が疼《うず》いてしまったのかもしれない。やはり、僕らは、シンガポールのホテルの一室で旅をしていたのだ。

　僕はイスタンブールとアンマンを知っていた。阿部氏とは、イスタンブールのガラタ橋のたもとで、サバサンドを頬ばった仲である。ニュージーランドとアメリカの経験しかない冨永君は、そのどの街の空気も吸ったことはなかった。

「エジプトだな」

　僕はエジプトのカイロにしばらく滞在したことがあった。列車でアスワンまで行っているから、途中のアシュートやルクソールは通っていた。だが元々、遺跡や観光地に興味のない旅行者だから、なんの未練もなく街を通りすぎてしまっていた。

　しかしエジプトの都市に、ヨーロッパのＬＣＣが乗り入れていることを確認しなければならない。

　そこで中学や高校で学んだ世界史の知識に頼った。カタカナが苦手で世界史を選ばなかった冨永君には悪いが、僕は大学を世界史で受験した。

「エジプトっていえばイギリスでしょ。通貨名は同じポンドだし、ロンドンの大英博物館なんて、エジプトの遺跡から持ってきたもので埋まっているもんな」

　ふたりの瞳《ひとみ》の奥には、「そんなものなんですか」という疑いの光があったが、無視してイギリスのLCCであるイージージェットを検索した。結果は中途半端なものだった。エジプトには飛んでいたが、シナイ半島のリゾート地であるシャルム・エル・シェイクとロンドンを結んでいたのだ。

「イギリス人はエジプトのリゾートしか興味がないってことか……」

「リゾートっていえばドイツじゃないですか。本当、彼らはどこのリゾートにもいるから」

　阿部氏のひらめきを頼って、ドイツのLCCであるTUIフライのホームページを開いてみた。

「おーッ、カイロとミュンヘンを結んでる。カイロだったら、アレキサンドリアがいちばん近いな……」

　このへんで時間切れだった。チェックアウトをしなくてはならなかった。

　トゥクトゥクに乗って、バンガロール・シティ駅に近いホテルに戻った僕らは、シンガポールのホテルで途中になってしまった旅をはじめることになった。

まず、バンガロールからのエア・アラビアが到着するシャルジャから、エジプトのアレキサンドリアに向かう便をインターネットで買った。同じエア・アラビアだから慣れたものである。国番号はやはり「452」と出てきたが、エア・アラビアの流儀に従ってそのまま進んだ。もう楽なもんである。

アレキサンドリアからは、列車かバスでカイロに出ることにして、カイロから先のLCCを見つけていかなければならない。再び阿部氏が地図帳を開き、冨永君が電子辞書のスイッチを入れる。

ドイツのTUIフライがカイロに就航していることはわかっていた。カイロからミュンヘンに飛び、そこからアイルランドのダブリンまで向かう。しかし、このルートに、僕らはあまり乗り気ではなかった。

一月なのである。

北ヨーロッパは、暗くて寒いのだ。

「ダブリンって相当北でしょ。ほら、地図帳で見ると、サハリンの北端ぐらい」

阿部氏が地図を眺めながらいう。

「暗いな。この季節は。明るい時間は、一日四、五時間ってとこかな……。それにかなり寒い」

「ミュンヘンだって、北緯四十八度ぐらいですよ。北海道の稚内《わっかない》が北緯四十五度の少し北だから、やっぱりサハリン」

「暗いなぁ」

窓の外に目をやる。ホテルからは小汚いバンガロールの下町が臨めたが、その上に広がる空はインドとは思えないほど青い。湿度も低く、気温は二十五度を超えていると思うが、実に快適なのだ。シャルジャ、アレキサンドリア、カイロと通っていくとはいえ、このバンガロールから、冬のミュンヘンを想像したくはなかった。

「南欧だな。ここで、心と体の準備をして、暗いダブリンに突入する。そうしようか。南欧……といえば、スペインか」

「スペイン、いいっすねェ」

冨永君の顔が輝いた。

スペインのLCCの検索がはじまった。

スペインにはクリックエアーとブエリング航空というLCCがあった。しかしエジプトへは未就航だった。イタリアに移る。ここにはLCCが六、七社もある。ひとつ、ひとつのホームページを立ちあげ、その就航都市を調べていったが、エジプトはかすりもしなかった。残るはギリシャである。ここにはエージアンエアーというLCCがあった。

そのホームページを立ちあげると、カイロにヒットした。

「飛んでる。カイロ−アテネ便が毎日のようにある」

日付を打ち込んで、その運賃を見て、マウスを動かす指が止まった。

高いのだ。

ひとり164・88ユーロもする。日本円にすると2万円ほどになる。飛行時間を見ると二時間ほど。これまで乗ってきたLCCは、四時間ほどの距離で1万円前後が相場だった。この計算でいくと、四倍近い運賃ということになる。ドイツのTUIフライのカイロ−ミュンヘン線を見てみた。こちらは四時間近く飛んで119ユーロである。これがLCCの相場に近い。

「ギリシャのエージアンエアーってLCCじゃないんじゃないですか」

「ホームページや予約方法は完全にLCCなんだけどな」

LCCにきちんとした規準があるわけではなかった。予約方法、サービス、運賃……。いくつかのものさしはあるが、決定的な定義があるわけではなかった。だから人によって、評価は分かれる。それはわかっていたのだが、できるかぎりLCCにこだわりたかった。

迷った。

大いに迷った。

これまで金をかけない旅ばかりを続けてきた。使う交通手段は、安ければ安いほどいいと思っていた。その種の本も何冊か書いてきた。だからLCCで世界一周に辿り着いたわけだが、今回は、いままでの旅とは勝手が違った。安さだけにこだわったわけではない。日々、運賃が変わるLCCの世界で、最安値をみつけるのは至難の業だ。LCCという呼び方も、航空会社の構造変化のなかに存在するようなもので、その定義がはっきりとしていない。長距離バスや列車の旅のように、風景が変わっていくこともない。四時間ほど狭い機内に押し込められ、雲や空だけを見て、気がつくとどーんと異国なのだ。

今まで僕の貧乏旅行につきあってくれた阿部氏にしても、いったいどんな写真を撮ればいいのか……とずいぶん悩んでいるはずだ。はじめてアジアを訪ねた冨永君にしたら、ころころと国が変わり、いったいいま、どこにいるのかもわからなくなってくるのかもしれない。LCCといえども飛行機の旅で、やはり早いのだ。考えてみれば、関空を出発してから四日しかたっていなかった。旅はノートパソコンのなかだけで、続いているような気にさえなる。

いや、あまりに心地いいバンガロールの気候がいけなかったのか。寒くて暗い、冬のドイツに腰が引けただけだったのか。

「アテネに行こう」

僕はパソコンの画面に向かって呟いていた。

だが、旅というものは、そうスムーズにいくものではない。実際の旅にもトラブルはつきものだが、パソコン上の旅もひと筋縄ではいかない。ギリシャのエージアンエアーの予約は順調に進んでいたが、クレジットカードを使った支払いのところで、VATの番号と納入オフィスを打ち込めという項目が出てきてしまったのだ。

「なんだ、これ」

空欄のまま次に進もうとすると、その欄を埋めろという表示が出てきて、次の画面に進めないのだ。

VATとは付加価値税のことである。一定額以上の商品を買うときに支払う税金である。高価なものが対象になることが多い。外国人は対象外で、よく、海外でブランドのバッグや宝石などを買うと、帰国時に空港のオフィスで付加価値税分の金額が返ってくる……あれである。どうもギリシャ人は全員、この付加価値税の納税者番号をもっていて、納入するオフィスも決まっているらしい。だがそんなギリシャの決めごとを、日本人に要求されても困ってしまうのだ。日本人はそんな番号などもっていない。エア・アラビアは、なんだかわからない「国番号」だったが、航空会社側が勝手に番号を決めてくれた。しかしエージアンエアーは、なにかの数字を自分で打ち込まなくてはならない。

「どうしようか……」

ここでエージアンエアーの航空券を買うことができないと、アレキサンドリアから、一気に暗いミュンヘンなのである。ふたりに相談してみたが、妙案は出てこない。

しかたなく、僕はVATの番号のところに生年月日を打ち込み、納入オフィスは、僕が住んでいる東京の杉並区の名前を書いた。これで通るのだろうか。「次へ」というアイコンをクリックする。

「いけッ」

いってしまった。すっと次の画面が現われたのである。本当にこれでいいのか……。エア・アラビア同様に不安が残ったが、それでいいのなら……と楽観するしかない。

アテネから先は力業だった。ヨーロッパに入ったのだ。さまざまなルートを組むことができる。行ってみたい街を選んでいけばいい。といってもヨーロッパのLCCは多く、地道にコツコツと検索していくしかないのだが。調べていくと、アテネに就航するヨーロッパのLCCは意外に少なかった。アイルランドを拠点にするLCCであるエアリンガスのサイトからアテネを選ぶと、「五月から就航」などと出てくる。LCCは乗客が多くなければ運航しない。そのあたりは徹底している。つまり、ギリシャが観光シーズンになる頃を見計らってスケジュールに組み込んでいくのだ。
国の位置を考え、就航や日程、運賃を比べていったのは、次の二十一社だった。

エアリンガス（アイルランド）
ライアンエアー（アイルランド）
イージージェット（イギリス）
グローブスパン（イギリス）
ジェット2（イギリス）
トーマスクック航空（イギリス）
Ｂｍｉベイビー（イギリス）
Ｆｌｙｂｅ（イギリス）
モナークエアライン（イギリス）

VLMエアラインズ（ベルギー）
ブリュッセルエアライン（ベルギー）
バブー（スイス）
ヘルヴェティック・エアウェイズ（スイス）
エージアンエアー（ギリシャ）
トランサヴィア（オランダ）
TUIフライ（ドイツ）
インタースカイ（ドイツ）
エア・ベルリン（ドイツ）
ジャーマンウイングス（ドイツ）
フライニキ（オーストリア）
アイスランド・エクスプレス（アイスランド）

ふーッ。

カイロとアテネ間が高かったので、できるだけ安い運賃設定を選んだ。その結果、アテネ－ロンドンをイギリスのイージージェットにした。ひとり120・83ユーロで、約1万4680円である。ロンドンとダブリン間はエアリンガスで1万3200円ほどだった。エアリンガスは、日本円の支払いにしたが、飛行時間でみるとやや高かった。利用日が近かったからなのかもしれない。

この頃になると、目もしょぼしょぼになっていた。これらの作業をすべて英語でこなさなくてはならないのだ。難解な言葉が出てくるわけではないが、支払いにもかかわってくるだけに神経を使う。インドのIT産業の拠点であるバンガロールだからなのか、ネット回線はなかなか速かったが、それでも立ちあがるのに時間のかかるLCCサイトもあった。

ホテルに戻ってから六時間ほど、パソコンに向かっていたことになる。頭のなかは旅をしていたのかもしれないが、その姿を見たら、オフィスで仕事をしているのと変わらない。インドのバンガロールのホテルで、いったいなにをしているのかということなのだが、これがLCCの旅でもあった。

「なんだ、これは」

夜の七時をまわっていた。僕らはホテルを出た。案内役は阿部氏だった。僕がLCCのホームページと格闘している間に彼は撮影に出ていたのだ。案内されたのは、ホテルのすぐ裏手の路地だった。男があふれていた。こういう路地裏がインドにもあったのだ。

「あるでしょ。ほら、あそこにも。その向こうにも」

そこにはバーとかパブという看板が掲げられ、その入口で男たちが酒を呷《あお》っているのだ。立ち飲み屋である。東京の新橋のガード下なんてもんじゃない。数軒おきに飲み屋が店を開いていたのだ。店の前には、立っていることも大変なまでに酒を飲んでしまった老人が何人もいた。

「バンガロールの男たちは、とんでもない飲んべえなんだ」

しばらく歩くと、ビールが注がれたジョッキの看板があった。その脇《わき》から続く細い暗い路地に入る。木製のベンチが置かれた小さな店が、男たちで埋まっていた。ここでビールを飲むことができるようだった。

「一杯十五ルピー」

「三十円ですか」

「一杯いくか」

なまぬるくて薄いビールだった。その味にベトナムのビアホイを思いだした。「飲み残しを集めている」、「粗悪なビールをさらに水で薄めている」……。悪い噂《うわさ》が絶えない路上の屋台だったが、そう教えてくれた男たちが毎晩、その店で女房の悪口に盛りあがっていた。酒飲みの男とはそういうものだと、僕も毎晩、道端の小さな椅子《いす》に腰をおろしたものだった。

しかしビールはビールなのだ。

バンガロールのシティ駅に近い路地裏でみつけた30円ビール。染みるなぁ

六時間、パソコンと向かいあっていた脳と体には、やはり染《し》みるのである。可哀相《かわいそう》なことに一滴のアルコールも飲めない冨永君を尻目《しりめ》に、僕と阿部氏はジョッキを合わせた。

「LCCの世界一周のルートがなんとかつながった。乾杯だな」

「三十円のビールってとこが下川さんらしくていいですよ」

「……………」

ビールはビールだ。

仄《ほの》かな酔いのなかで、パソコンの画面が蘇《よみがえ》ってくる。今晩というか、明日の朝四時二十分という時刻に、はじめてエア・アラビアに乗る。

国番号の問題はどうなるのだろう。その先に待っているエージアンエアーの付加価値税の番号は……。ふと見あげると、壁にヒンドゥー教の神のポスターが貼《は》ってあった。シバの神だろうか。まあ、なんでもいい。きっと、強運がついてくる。そう思うしかなかった。

ビールを切りあげ、細い路地に出ると、男たちの数はさらに増えているようにも思えた。立ち飲み屋の奥が食堂になっているような気がしたのだ。しかし僕は甘かった。すし詰め状態で座る男たちの前にはショットグラスが置かれ、そこからラムの強い香りが漂っていた。強い酒を生《き》のままぐいぐい飲んでいる。つまみは豆だけ。酔うためだけに男たちはここに集まっていたのだ。

「インド人ってこんなに酒を飲んだっけ」

呆然《ぼうぜん》と立ちつくす阿部氏に声をかけた。

「いや。北インドじゃ、酒を買うのも大変ですからね」

そうなのだ。最近では、ビールや強い酒を出すパブのような店がお目見えしてきたが、その種の店は、どこか人目を憚《はばか》るように目立たないつくりになっていた。酒屋をみつけたこともあるが、鉄格子《てつごうし》のなかに酒壜《さかびん》が並んでいて、なにかの許可証でもないと買えないような雰囲気だった。北インドでは、酒の文化が根づいていないのだ。

　こういうと北インドの男たちは反論するかもしれないが、遠慮という言葉を知らないかのような自己主張を発揮する彼らはストレスが溜《た》まりにくいのかもしれない。黒目がちな瞳《ひとみ》をくるくるまわし、カレーとナンの夕食でなにかが収まってしまうのだ。

　しかしバンガロールの男たちは普通なのだ。いや、日本人の感覚に近いのだろう。仕事には気苦労がある。それでも一家を支えなければいけないから、自己主張を呑《の》み込んで仕事をこなしていく。家へ帰れば、子供の教育や生活費の問題が女房の口を通して迫ってくるから、仕事帰りにこの路地なのである。一杯のつもりが、気がつくと中サイズのラムの壜が空いてしまうことは、酒飲みにはよくあることで、朝日を腫《は》れぼったい瞳で眺めることになる。なんだか可愛《かわい》い男たちだった。

　こういう路地があれば、インドの旅もずいぶん変わっていたかもしれない。バンガロールにもう一泊したかった。男たちの酒飲み話につきあってみたかった。しかしそれは難しかった。ＬＣＣは一切、日程や便の変更ができないのだ。深夜の十二時には、空港に向かわなくてはならなかった。

# 第4章　シャルジャ・アレキサンドリア

バンガロールから乗ったエア・アラビアの搭乗券（右）はエアインディアのエグゼクティブクラス。ただし座ったのはただのエコノミー席

目の前に運河のような海があった。シャルジャ・クリークというらしい。対岸は砂洲《さす》のような地形で、シャルジャの街との間の海には、漁船がぎっしりと停泊していた。

シャルジャは、UAEと呼ばれるアラブ首長国連邦のひとつだ。アラブ首長国連邦は、ドバイ、アブダビ、アジュマン、ウム・アル・カイワイン、フジャイラ、ラス・アル・ハイマ、そしてシャルジャという七つの首長国で構成されている。首長国はアメリカの州のようなものと思っていいかもしれない。アラブ首長国というと、ドバイや首都のあるアブダビが知られている。しかしこのエリアがアラブ首長国の政治、経済の中心になったのはそう古くない。それ以前の十九世紀前半は、このシャルジャのほうが発展していた。アラブ首長国初の国際空港も、このシャルジャに建設されている。

午前四時二十分にバンガロール（ベンガロール）を出発したエア・アラビアの四九八便は、朝焼けのシャルジャの空港に到着した。高度を下げた飛行機の小さな窓からは、黄土色の砂漠が見渡せ、そのなかを一本の道が延びていた。道に沿って、何軒かの家や、小さなオアシスが点在していた。しかし、その先にはなにもないような殺伐とした眺めだった。

機内では座ったままの体勢で寝たものの、やはり眠りは浅く、寝不足の体はずしりと重かった。

ダウ船が並ぶシャルジャ・クリーク。ときどき小型のモーターボートが猛スピードで通りすぎていった

僕は岸壁にぼんやりと座り、クリークの向こうにあたるドバイの方角を眺めていた。

「あれ、あのビル？」

隣にいた阿部氏に、望遠レンズをのぞいてもらった。

「あれですよ。あの船の帆のような形をしたホテル。七ツ星だっていう……」

ブルジュ・アル・アラブだった。世界一の高さを誇るホテルだった。館内の設備は最高級で、ものの本によると、フロントには五人のスタッフがいるらしい。おしぼりを渡す人、ナツメヤシを渡す人、水を渡す人、おしぼりを受けとる人、そして部屋まで案内する人という役割に分かれているのだという。こういうホテルには縁のない身としたら、「だからなんなんだ」と思ってしまうが、そういうサービスを期待する人は世界に多いわけで、もちろん、値段も最高級なのだ。

とすると、その横に見えるのが、建設中のブルジュ・ドバイだろうか。なんでも完成すれば、八百十八メートルという世界一の高さになるのだという。ホテルや分譲マンション、オフィスに分かれ、総建設費は八十億ドルだという。日本円にすると約八千億円。まあ、勝手にしてくれという額である。

この種のビルにとどまらず、昨年（二〇〇八年）まで、ドバイからは派手な話が次々に飛び込んできていた。オイルマネーを基盤に、外国企業を誘致し、商業都市として急激に発展する勢いは、なにかとめどもないようなものに映ったものだった。一度だけ、ドバイの空港に立ち寄ったことがある。免税店エリアには高級品を並べた店が連なり、サングラスでもかけたくなるような眩《まぶ》しさだった。ホールにはまっ赤な高級車が置かれ、免税品を買った人のなかから抽選で当たるのだという触れ込みだった。車の免許もなく、ブランドの名前すら覚えられない僕には、別世界の空港のように映ったものだった。

ドバイを訪ねた知人が、溜息《ためいき》混じりにこんな話をしてくれた。

「ホテルのレストランは高級でね。予算はひとり一万円は下らないな。それにドレスコードがある。アラブでネクタイを締めるとは思わなかったよ」

新橋西口の焼き鳥屋でビールを飲みながら話を聞いたが、僕には永遠に縁のない国だと思った。格安のレストランや宿もあるとは思うのだが、どうもこの国を訪ねる人々の目的は違うようだった。

そのドバイがクリークの先にあった。僕らがいるシャルジャから十六キロしか離れていない。

僕はその遠景をぼんやり眺めていた。

ここから見ると、高さが三センチほどにしかならないドバイの象徴が大変なことになっていた。アメリカに端を発した経済危機が直撃したのだ。ドバイに流れ込んだ金は、強力な吸引機で吸いとるように引きあげられていた。世界一になるはずのビルも、その完成すら危ぶまれるほどだった。

アラブ人も釣りをする。釣果はまだゼロだったが、高そうな釣り竿だった。UAEのアラブだもんな

ディベロッパーにしたら、それは大変なことなのだろうが、このシャルジャから眺めると、どこか対岸の花火のように映る。実際、シャルジャにとって、ドバイは連夜、打ちあげ花火が輝く対岸だった。

実感したのは翌朝だった。アレキサンドリア行きの便に乗るために、僕らは空港に向かった。早朝のことで、宿のフロントでタクシーを頼んだ。するとスタッフは、こう聞いてきたのだった。

「第一ターミナル？　それとも第二？」

「……？」

僕は前日、到着したシャルジャの空港を思い起こした。ターミナルはひとつで、第一も第二もなかった。悩む僕にスタッフは口を開いた。

「ドバイの空港は第一ターミナルと第二ターミナルがあるんです。航空会社はどこです？　それでわかりますから」

「その……ドバイじゃなくてシャルジャ」

「……？　ひょっとしてエア・アラビア」

「そうですけど」

スタッフの視線で、昨日からのできごとがすべて結びついたような気がした。彼らのなかでは、欧米や日本からやってくる観光客は皆、ドバイ空港を使うという常識があった。実際、そういう流れになっていた。日本からアラブ首長国連邦に行こうとすれば、まず思い浮かぶのはドバイのエミレーツ航空だった。だいたい、シャルジャという名前すら知らない人が多い。僕らにしても、LCCのエア・アラビアに乗るというルートを探し、そのハブ空港があるシャルジャという地名を知ったにすぎなかった。

ではシャルジャ空港は誰が利用するのかということになる。

またしても裏街道だった。

いや、ドバイの勝手口といったらいいのか……。

インドのバンガロールで、エア・アラビアのチェックインカウンターに列をつくっていたのはインド人ばかりだった。皆、大きなスーツケースを持っていた。いまにして思えば、そこには観光旅行に出かける華やかさはなかった。子供連れの家族もいなかった。夜のフライトということもあったのかもしれないが、機内はいたって静かだった。

到着したシャルジャ空港の規模はそれほど大きくなかった。数機の飛行機が駐機していたが、そのすべてが、白い胴体に『airarabia.com』というホームページのアドレスが大きく書かれた飛行機だった。エア・アラビアの専用空港のようだった。

空港ターミナルは簡素だった。ドバイの空港を知る身としたら、貧相にも映る。隅に免税店をみつけたが、まるで売店のような造りだった。イミグレーションの手前に店舗はあった。しかし、そこに並んでいるのはチョコレートとぬいぐるみだけだった。

イミグレーションには、白いアラブ服を着た若い男性職員が座っていた。近づくと香水の匂《にお》いが鼻についた。これまでも、さまざまな空港のイミグレーションを通ってきた。到着機が重なると長い列ができることはしかたないが、ひとりの入国審査にかかる時間は空港によってかなり違う。たびたび訪ねるバングラデシュはやたら遅い。飛行機一機分の乗客数なら、軽く二時間はかかる。そのスピードに匹敵するぐらい、シャルジャ空港のイミグレーションにできた列は遅々として進まなかった。コンピュータに名前やパスポート番号を打ち込むのだが、どうもアラビア語で入力するようだった。

「名前はなんといいます？」

「シモカワ」

「もう一度」

「シモカワ」

アルファベットをアラビア語に直すのではなく、僕の発音した音を、そのままアラビア語で入力するようだった。おそらくパスポート番号もアラブの数字である。ドバイ空港のイミグレーションで審査を受けたことはないが、シャルジャ空港のように悠長なことをやっていたら、観光客から文句が出てしまうことは必至である。ドバイ空港にやってくる客のなかには、雑誌の『フォーブス』を飾るような人もいるのだ。

しかし僕はまだ早いほうだった。隣のブースに立ったインド人は、さらに時間がかかっていた。なにしろ彼らは、パスポートのほかに数枚の書類を手にしていたのだ。

出稼ぎだった。

ある調査によると、インドから中東への出稼ぎは五百五十万人にも達しているという。そのなかでもアラブ首長国連邦が最も多い。半数近くになるという。ドバイは人口の七、八割が外国人だといわれる。ガイドブックなどには、インターナショナルな街だなどと書かれているが、その多くは、インド、パキスタン、バングラデシュ、フィリピンなどからの出稼ぎ労働者たちなのだ。彼らの月給は三万円にも満たない。ドバイの繁栄とは、実のところ、出稼ぎ労働者が支えていた。その構造の上に楼閣のようなビルが林立しているのだ。世界一の高さになるブルジュ・ドバイにしても、その建設現場には、夥《おびただ》しい数のインド人がアリのように働いているはずだった。

イミグレーションのブースの前で、おとなしく立つインド人を見ながら、クアラルンプールのLCCTを思い出していた。フィリピンのクラーク空港からクアラルンプールに到着したエアアジアは、ほぼ満席で、乗客の多くはフィリピン人だった。そういえば女性が多かった。彼女らと一緒に、イミグレーションの列に並んだのだが、その列はなかなか進まなかった。日本人の場合にマレーシアの入国はいたって簡単なのだが、フィリピン人はそうはいかないらしい。彼女らの手にも、何枚もの書類が握られていた。そのなかには、マレーシアでの労働許可証も含まれていたはずだった。彼女らは皆、マレーシアへの出稼ぎ組だったのだ。

なかなか進まない列で待っていると、職員から声をかけられた。僕らが手にしていたパスポートが目に入ったらしい。

「いちばん隅に、クルー用のイミグレーションブースがありますから、そこへ行ってください。いまはフィリピンからの便なんで、審査に時間がかかりますから」

シャルジャの空港のイミグレーション職員は、そんな気遣いをしてはくれなかった。フィリピンからのエアアジアとインドからのエア・アラビア。ともにLCCだった。僕らは、その運賃の安さに惹《ひ》かれてLCCの狭い座席を埋めたのだが、その安さは、出稼ぎの人々にとっても助かるはずだった。

出稼ぎのシステムはいろいろだが、斡旋《あっせん》会社がかかわっていることが多い。日本でいえば派遣会社である。家族に仕送りをするために国を離れることを決めた彼らにとって、出稼ぎ先までの渡航費すらままならないことは珍しくない。ＬＣＣは安いといっても、彼らには大きな負担なのだ。

そこで斡旋会社が航空券代を肩代わりすることになる。しかし斡旋業者というのは、どこの国でも二枚舌を使い分けるようなタイプが多い。仕事は楽で月給は四百ドル……などという甘い誘いに乗ってみても、実際には三百ドルにも満たない給料でこき使われることはよく起きる。そういう会社が航空券代を払ってくれるのだから、安いＬＣＣを選ぶのは当然なのだ。

もちろん、業者が負担した航空券代は、最終的には給料から差し引かれるわけだから、出稼ぎに向かう人もＬＣＣにしてくれたほうがありがたい。しかしなかにはあこぎな業者がいて、彼らは手配料やビザ申請代に航空券代を含めた金額を、経費として給料から引く。正確な航空券代を隠してしまうのだ。業者はそこからも儲《もう》けようとするわけで、やはりＬＣＣに落ち着くのだった。

それがＬＣＣの一面でもあった。

シンガポールのホテルで、エア・アラビアの就航先を調べていたとき、はじめて見聞きするような都市名がずらりと出てきて、天を仰ぎたくなった。阿部氏や冨永君の力を借りて調べていったが、その多くがインドの地方都市だった。エア・アラビアのインド、パキスタン、バングラデシュ、スリランカ、ネパールへの就航は十六都市に及んでいた。ホームページのトップには、インド十四都市週九十四便という文字が躍っていたこともあった。

エア・アラビアは、そんな出稼ぎ客に支えられてもいたのだ。

シャルジャのホテルのスタッフが、日本人の僕らに、ドバイの空港を訊《き》いてきたのはそういうことだった。観光客は表玄関から堂々とドバイに入国し、出稼ぎ労働者たちは、貧相なシャルジャ空港から、ひっそりとややひきつった面もちで、アラブ首長国に入国するのだった。貧乏な旅を繰り返し、ドバイには永遠に縁がないだろうと思ってしまう僕には、ドバイの通用口のような空港はお似合いなのかもしれなかった。

今年（二〇〇九年）に入り、日本人のある労働問題の専門家の分析を読んだことがある。俗に派遣切りといわれる派遣労働者のリストラに関してのものだったが、日本経済がこのまま推移していくと、未熟練労働者の海外への出稼ぎが起きてくるという内容だった。ひとり当たりのＤＮＰは十九位とか二十三位という数字が弾《はじ》き出され、すでにシンガポールにも抜かれてしまった日本の現実を見ると、そういう分析もあながち的外れでもない気になってくる。かつては貧困から脱出するために、多くの人々が南米に移住した国である。将来、日本人がエア・アラビアに乗って、シャルジャにやってくる日が来ないとも限らない。その頃、利に聡《さと》いエア・アラビアは日本に乗り入れるのかもしれない。

シャルジャの空港から市内に向かうために乗ったバスでも、僕らは出稼ぎの現実を突きつけられることになる。荷物代もとられ、バス運賃は十ディルハムだった。日本円で二百六十円もした。ドバイの物価の高さは、ある程度知らされていたが、シャルジャもけっこうなものだった。乗客の大半は、エア・アラビアでやってきた南アジアの男たちだった。パキスタン人もいた。

市内のバスターミナルに着いた。右も左もよくわからない僕らは、ホテルを探すためにあたりを見まわしていた。バスの乗客たちは、次々に別のバスに乗り換えていった。ドバイ行きのバスだった。わずか十六キロ。二十分ほどでドバイに入ってしまうのだ。すると、そのバスに乗り遅れた男たちから次々に声をかけられた。

「ドバイ?」

彼らはタクシー代をシェアしようとしていた。シャルジャとは、そういう街だったのだ。土地代の高いドバイを避け、シャルジャに家をもつ人も多いという。ドバイの

休日の公園はインド系の労働者ばかり。出稼ぎの彼らは休みになると、することがない

ベッドタウンの機能ももっていた。

ＬＣＣの旅とは、つまりこういう街に迷いこんでしまうことかもしれない。そこで困ったことが起きた。僕らは荷物を曳《ひ》きずりながら街を歩きはじめたが、ホテルがまったくみつからないのだ。シャルジャの街の中心にいることはわかっていた。周囲にはビルが建ち並び、旅行会社や商店が軒を連ねているのだが、『ＨＯＴＥＬ』の文字がいっこうに出てこないのだ。このホテルは高そうだからほかを探そうということは、知らない海外の街に着くとよくあることだが、それ以前の問題だった。ホテルそのものがないのだ。徹夜に近いフライトだったから、体も疲れている。早く荷物を置きたいのだが、いくら歩いてもホテルがなかった。

ドバイよりは、はるかに小さいのかもしれないが、それなりの人口もあるはずだ。建ち並ぶビルや店がそれを教えている。中心街には、街を代表するホテルがあり、その大きな看板が目に入ってきてもいいはずだった。だが、そんな看板すらない。

LCCの旅とは、中東では旅行者のそれではないようだった。ツーリストがいないのだから、ホテルの需要も少なくなる。路上で溜息《ためいき》をつきながら、僕らはLCCの意味を教えられていた。

「ないなぁ」

ひとつの信号を渡り、あたりを見まわして呟く。一本、裏通りを歩いて肩を落とす。街なかを一時間近くも歩いただろうか。

「あ、あれ、ホテルじゃないですか。ほら、あそこ」

阿部氏が指差した。たいした距離ではないが、看板の文字が小さすぎる。近くにいた人に訊《き》くと、やはりホテルだった。

宿代は高かった。さして大きなホテルではなく、狭いロビーにある小さなフロントには、中年のスタッフがひとりいるだけだった。そこで耳にした宿代は、ツインが一泊五百ディルハム、一万三千円もした。三人だから、ベッドを入れてもらうとしたら、もっと高くなってしまうだろう。帰国後、日本で聞くと、五百ディルハムという値段は、ドバイでは安宿の部類に入るということだった。このホテルは安宿というには立派だったから、シャルジャの物価は、ドバイよりは安いのだろう。しかし東南アジアや南アジアの物価感覚からすると、やはり高かった。

かといって、ようやくみつけたホテルのフロントで、

「じゃあ、ほかを探すよ」

というには、シャルジャのホテルは少なすぎた。その日の昼、街を歩いてわかったのだが、このホテルから見ると裏手にあたるキング・ファイサル・モスクへの道に沿って三軒のホテルがあった。その後、街なかをかなり歩いたが、計四軒のホテルしかみつからない街なのだった。

そんな僕の顔つきから察したのか、フロントの男性は、

「アパートタイプなら三百ディルハムでありますけど。ベッドはふたつだけですが、ひとりがソファーベッドに寝れば」

と、商売っ気のない言葉を口にした。

「シャルジャはホテルよりもアパートのほうが多いんですよ。観光客はドバイに行ってしまいますから。アパートは看板を出していないから、外国人にはわからないんです」

そういう街だったのだ。僕らがホテルを探し歩いた道筋にも、何軒かのアパートがあったのかもしれなかった。

紹介されたのは、ホテルから二軒先にあるアパートだった。細長いビルで、ひとつのフロアーにふた部屋しかなかった。俗にペンシルビルといわれる建物だった。五階の部屋に入ろうとすると、隣の部屋でフィリピン人のおばさんが掃除をしていた。部屋には冷蔵庫や洗濯機が置かれたリビングがあった。僕らには十分すぎるスペースだった。申し込めば、有料だがインターネットが使えるという案内も書かれていた。やはりインターネットはつなぐべきだろうか……。少し気になったが、シャルジャではパソコンのスイッチを入れないことにした。前日、バンガロールのホテルで、LCCのホームページと格闘していた。もう、あの画面を見るのもいやだった。

現実の旅をしたくなっていた。

仮想の旅は、組み立てていくだけで、そこからはアザーンの音も、マサラの匂いも、海からの風も吹いてこない。パソコンや携帯とともに生きてきたいまの若者なら、もう少しはパソコンの旅で遊ぶことができるのかもしれないが、シンガポールからバンガロールと続いたインターネット上の旅が、そろそろ苦痛になりはじめていた。

旅の先々で、その先のLCC航空券を手配していく……それはたしかに、僕らの旅だった。しかし選択肢が多すぎた。かつて、長距離バスや列車の片道切符で旅を続けていたとき、次のバスや列車探しは、実にシンプルに決まっていた。現地の言葉にも疎《うと》く、いろいろ調べることも難しかった。もっといい路線があったのかもしれないが、それもわからず、ものの二、三分でいちばん安いクラスを選び、次のバスや列車の切符を買いに走っていた。知らないということは、幸せなことなのだ。心穏やかに旅を続けることができるのだ。それに比べれば、ネット社会は膨大な情報を与えてくれる。言語は英語になってしまうという現実はあるが、LCCはさまざまな母国語をもつ人を対象にしているから、使う英語もシンプルで、ときどき辞書で調べていけば、なんとかついていける。それは大変な変化なのだ。

しかし疲れるのだ。

その予感があったから、僕はシンガポールとバンガロールで、一気に航空券を手配しようとしてしまったのかもしれない。それぞれの街に一ヵ月ぐらいは滞在するような旅なら、今日一日はLCC手配の日と決めて、コンピュータの前に貼《は》りつけばいいのかもしれないが、二週間ほどの日程で、LCCを使い、世界を一周してしまおうという企てである。そこには少しの無理があったのだろうか。

僕らは街に出た。観光地ではないから、宿に街歩き用の地図もなく、たぶんこの方向が海だろうと歩きはじめる。

朝食をとっていないことに気づき、僕らは一軒の雑貨屋のような軽食屋に入った。

簡単なサンドイッチに紅茶。それを頬ばりながら、周囲を見た。小さな店だったが、そこにいたのはインド人ばかりだった。その日は金曜日で、イスラム社会の休日にあたっていたせいなのかもしれないが、日中、街なかで目にしたのはインド人ばかりだった。シャルジャはインド人の街のようだった。

港の近くにヘリテージエリアがあった。昔のアラブ式建物を復元したもので、それなりの趣はあるのだが、観光客の姿はどこにもなかった。そこから海岸に沿った道を渡れば港だったが、高そうな車が時速八十キロを超えるようなスピードで走り抜け、なかなか横断できない。運転しているのはアラブ人で、どこか我がもの顔でアクセルを踏む。やっとの思いで渡ったその先は、またインド人の世界だった。

さして大きくもない木造船がぎっしりと港に停泊し、荷物の積み込みに慌《あわ》ただしそうだった。目出し帽をかぶった船員と目が合った。彼はすぐに帽子をとったが、なかから出てきたのはインド顔だった。

「インドのムンバイから来たんだ。ここで荷を積んで、ソマリアに行く」

浅黒い肌のインド人青年は、どこか得意気な面もちで笑うのだった。

一隻《せき》の漁船が岸壁に近づいてきた。ぼんやりと眺めていると、船室からわらわらとインド人が現われ、最後に灰色のアラブ服を着た船のオーナーらしき男が出てきた。

ムンバイからやってきた船員。積み荷はジュースだった。こういう船は海賊も襲わないんだろうなぁ

彼は岸にあがると、そこに停めてあった車に乗って消えてしまった。すると、その車と入れ代わるようにトラックが現われた。それは氷を積んだ車で、これから船倉に氷を入れるらしい。インド人たちは厚手の手袋をはめ、一列に並んで、バケツリレーのように棒状の氷を運びはじめた。

「アラブ人は誰もいないんだ」

「ほら、あそこの運転席にいる奴《やつ》、彼はアラブ人ですよ」

「アラブ人ひとりにインド人十数人ってことか。これで漁に出るわけか」

それが僕らが目にしたシャルジャの人口比とも思う。

「さっき、オーナーらしい人が降りてきたけど、彼がインド人に指示してたのって、アラビア語だったんだよ」

「インド人も長く働くと、わかってくるんじゃない。アラビア語が」

シャルジャのインド人たちは、その人口の多さもさることながら、すでに定着の兆《きざ》しすら感じるのだった。

夕方、僕らはアラブ風のレストランを探していた。一度もアラブ料理を食べていなかったのだ。昼はキング・ファイサル・モスクに礼拝に集まるアラブ人を眺め、その近くで食堂を探した。ここが街の中心らしいことがわかり、食堂もこのあたりと踏んだのだが、開いているのはインド料理屋ばかりだった。どの店もインド人で混み合っていて、席が空くのを待つインド人が、店頭に列をつくるほどだった。店のシステムもインド風で、ひとつ席が空くと、そこにひとりが座り、ビリアニというインド風の焼き飯やナン、ダル、ヨーグルトといったインド式定食を手で口にかき込む。その勢いに気圧《けお》されて、僕らは比較的客の少ない店を選んだが、やはりそこもインド料理で、鶏肉《とりにく》のビリアニを口に運ぶしかなかった。

「夜はやっぱりアラブでしょ」

しかしまたしてもインド料理屋ばかりなのだ。イスラム社会は、金曜日は休日だが、夕方になると店が開きはじめる。いくつもの道を歩きまわり、ようやく、店頭でケバブを焼いている店をみつけた。

「ここだッ」

しかし、店員はインド人だった。

メニューを眺めると、大半はインド料理で、アラブ風の料理は、片隅に追いやられるようにひっそりと書かれていた。僕らはこのチャンスを逃すわけにはいかない……とケバブとアラブ風の鶏肉料理を頼んだ。たしかにそれは、アラブ風だったが、鶏肉料理はどこからともなくインドの匂いが漂ってくる。つくっているのはインド人なのかもしれなかった。

店にはぽつり、ぽつりと、アラブ人の家族が現われた。インド人の店員は、彼らからアラビア語で注文をとる。なにごともないかのような光景に、再びインド人の濃さを感じてしまうのだった。

「シャルジャは長いんですか」

店員に訊いてみた。

「十年になります。もう、家族もシャルジャにいますから」

出稼ぎという領域を超えているインド人たちだった。ここに生活の拠点を築きつつある。昼頃、シャルジャの港で見た渡し船もそうだった。その船は、僕らが立つシャルジャ市街側と対岸を結んでいた。ひとりの船頭が操る小さな木造船だった。客は船に乗り込むと、エンジンボックスの上に一ディルハム硬貨を置いていくような船だった。そして、その船頭も客も皆、インド人だった。この街は、ある境界線から下を見ると、すべてがインド人でまわっているような気になる。

金曜日の昼。モスクに入りきらなかった人々は、その前の公園で祈りはじめた

　翌朝、僕らはアレキサンドリア行きのエア・アラビアの搭乗ゲートの前の待合室に座っていた。空港職員が現われ、搭乗券をちぎってくれたが、ふと見ると、その職員はインド人だった。シャルジャ空港の職員としても雇われていたのだ。

　インド人が目立つが、アイスクリームを買った売店や、雑貨屋の店員にはフィリピン人もいた。空港のコーヒーショップで、五ディルハムという、やけに高いコーヒーを売ってくれたのもフィリピン人だった。ここはシャルジャという、アラブ首長国連邦のひとつのエリアなのだが。アラブ社会という実感が、ときに崩れそうになる。

だが、やはりアラブだった。教えてくれたのは、夕暮れどきに開いたセントラルマーケットだった。陽が落ちはじめたなかでライトアップされた中央郵便局やモスクを眺めながら、このマーケットに着いたのだが、下からのライトに映しだされた建物は、おとぎ話のなかに出てくる宮殿のようでもあった。

「アラブ人っていろいろ問題は多いけど、この建物の美意識ってすごいよな」

「そういうもんですか」

冨永君が気のない相槌《あいづち》を打つ。彼の名刺には、Photographerという肩書きが書いてあった。今回の旅にも、僕のようなコンパクトカメラとは違う一眼レフを持参していた。写真を撮るときの構えを見ると、なかなか堂に入っている。しかし、いまの彼の被写体への感性は人に向かっているようで、建物にはあまり関心がないようだった。建築美に異常なほどの執着とセンスを発揮するイスラム教徒にしたら、肩透かしを食うような若者だった。

セントラルマーケットのなかは、まばゆいばかりだった。金の装飾品を並べた店が多く、そこに黄がかかった強い光が当てられている。その前を、子供を連れたアラブ人家族や若い女性が通りすぎる。女性の多くは、黒いチャドル姿だった。黒い布が顔も隠しているが、目の部分だけ窓のように開いている。その目は印象的で、強い視線がアラブの血を放っている。東南アジアやインドの、決して美人ではないが、どこか愛嬌《あいきょう》のある目とは違い、冬の朝、軒から下がったつららのような鋭さがある。彼女らはブランドもののバッグを肩にかけ、ウインドーのなかを見入る。チャドルの足許《あしもと》が割れ、そこからビンテージもののジーンズが見え隠れする。彼女らが通りすぎると、強い香水の匂《にお》いが残り香のように漂ってくる。どこか近よりがたいその姿に、僕らはマーケットの通路で呆然《ぼうぜん》とするしかなかった。今日一日、僕らが接してきたインド人とは、別の世界を生きている人々がそこにいた。

シャルジャのセントラルマーケット。つい見とれてしまった

しかし翌朝、エジプトのアレキサンドリアに

向かうエア・アラビアの席を埋めていたのは、少し埃《ほこり》の匂いがするようなアラブ人だった。機内は満席だった。通路を挟んで、反対側の三席に座ったのは、アラブ人夫婦だった。赤ちゃんと二、三歳の子供を連れていた。窓側に座った奥さんは、目の部分まで覆《おお》われた黒いチャドルをすっぽりとかぶり、膝《ひざ》の上に赤ちゃんを乗せていた。

「カイロに帰るんだ」

通路側に座った主人が話しかけてきた。

「シャルジャにいたんですか？」

「いや、ドバイ。六ヵ月働いたんだ。トラックのドライバー。セメントを運んでた。でも急に工事が中止になってね」

世界規模の経済危機の犠牲者がここにもいた。世界一の高さのブルジュ・ドバイの完成が危ぶまれていたが、実はドバイには、建設が止まってしまったビルがまだいくつもあるのだ。

「でも、ドバイに奥さんや子供まで連れていったの？」

「家族は大事だからね。会社も家族用のアパートを用意してくれたんだ。ドバイで稼いで、カイロに店をもとうと思ってたんだけどね。カイロには、たいした仕事もないんだよ」

LCCはやはり出稼ぎ者たちの便だった。

インドのバンガロールから、エア・アラビアの座席に腰をおろしたとき、膝が前席の背にあたらないことに、おやっと思った。それまで乗ったセブパシフィック航空、エアアジアやタイガー・エアウェイズは、座席数を増やすために、ぎりぎりまで座席の間隔を狭めていた。インドの安いバスのような狭さだった。当然、リクライニングも、申し訳程度にしか後ろに倒れない。セブパシフィック航空に乗ったとき、リクライニングのボタンを押しても、ほとんど背が動かないような感覚に、そこから続くLCCの旅の辛《つら》さを悟ったものだったが、エア・アラビアは豪勢に一般の航空会社並みの座席間隔を確保していたのだ。飛行機も同じエアバス320だった。規格がすべて統一されてい

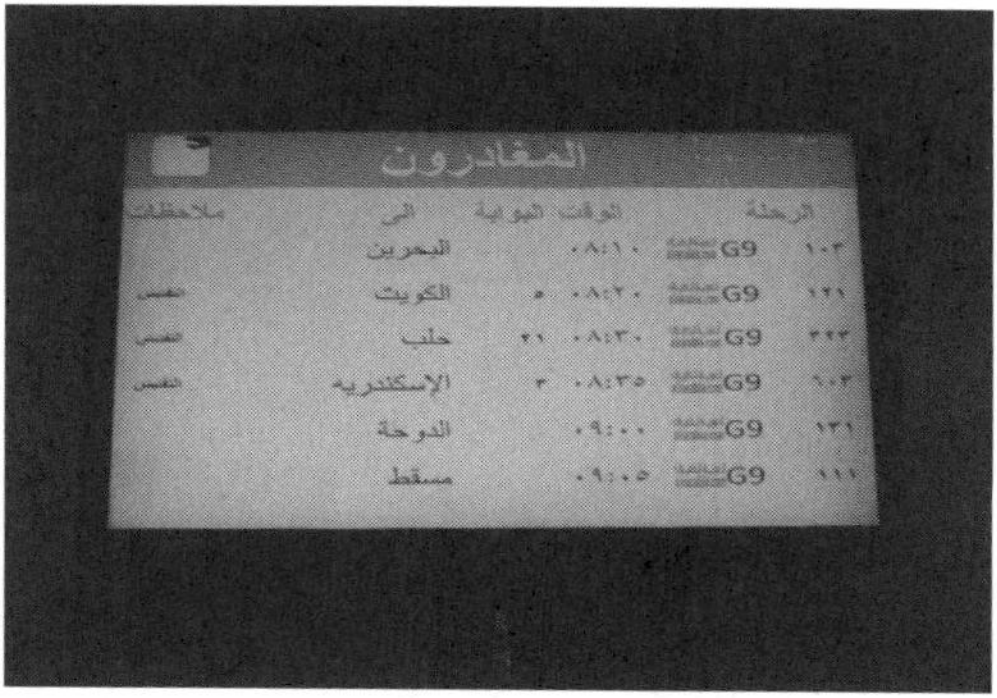


シャルジャ空港の出発案内掲示板。アラビア語だが、じっと見ているとわずかな時間、英語に変わる

るのか、シャルジャからアレキサンドリアに向かう便も、同じ広さになっていた。しかしそこはLCCだから、機内食は有料である。機内に置かれたメニューは、左側が英語で右側がアラビア語になっていた。僕らはドリンク付きで二十ディルハム、五百円ほどのサンドイッチを頼んだ。メニュー欄の最後には、新聞と書かれて二ディルハムの値段がついていた。

アレキサンドリアまでは四時間ほどのフライトだった。また暇な時間に放り込まれる。どうすごそうかと思っていると、天井からモニターが現われ、映画がはじまった。アラブの映画で、さして面白そうでもないホームドラマだった。音声はアラビア語と英語なのだろう。英語で聞いても半分もわからないだろうが、まだないよりましか……と思っていたが、ふと、イヤホンがないことに気づいた。

「ラックのなかに、イヤホンなんか入っていないよね」

隣に座る阿部氏にも探してもらったが、どこにもない。

「ひょっとしたら、イヤホンも有料なんじゃないですか。なんたって新聞も有料なんですから」

「映画を上映してイヤホンがないってのは、ヘビの生殺しみたいなもんだしな。でも、どうせ英語だろうし……イヤホンに金を払うっていうのもなんだよな」

乗務員に訊《き》くと、「イヤホンはない」といわれてしまった。声のない映画をずっと見続けろ、ということらしい。だがそれは僕らの誤解だった。僕らはまだ、LCCの流儀を知らなかったのだ。それを教えられるのは、大西洋をLCCで越え、アメリカ国内を飛ぶLCCに乗ったときだったのだが……。

飛行機はサウジアラビアの上空を西北西に向かって飛んでいるはずだった。見えるのは相変わらず雲と空だけだ。地上には砂漠が広がっているのだろうか。メッカの巨大なモスクの周りには、イスラム教徒が集まっているのだろうか。

飛行機がない。

一機もいない。

エジプトのアレキサンドリアにエア・アラビアが到着し、小さな窓から空港を見渡したのだが、そこは片田舎の空港のようで、滑走路の脇《わき》には雑草が繁っていた。遠くにターミナルが見えたが、それは二階建ての小さなもので、その周囲にも飛行機は一機も駐機していなかった。僕はラオスのルアンパバンの空港を思い出していた。ビエンチャンから乗った飛行機がルアンパバンの空港に着き、ターミナルを出ると、目の前の道を数羽の鶏が横切っていった。そのときの光景がだぶってしまうほどののどかさが、アレキサンドリアの空港には漂っていたのだ。ターミナルを出ると、道端で羊が草を喰《は》んでいるのではないか。

冨永君も同じような思いに駆られていたらしい。

「これ、国際線が着くような空港じゃないですよね。南紀白浜の空港みたいだ」

南紀白浜の空港は知らないが、曲がりなりにも日本の空港だから、もう少し立派ではないか。

シャルジャ空港を発《た》ったエア・アラビアは、いったん地中海に出、まわり込むようにして、アレキサンドリアの上空に進入していった。沖縄の宮古島の海ほどではないが、光が差し込むと翡翠《ひすい》色を発する海が眼下に飛び込んできた。海に沿ってビルが建ち並ぶ風景は、ワイキキのビルを土色に塗ったようにも映ったが、空港がこれほど寂れているとは思わなかった。

クラーク空港、クアラルンプールのLCCT、シンガポールのチャンギ空港のバジェットターミナル、シャルジャ空港……と、表玄関を避けるような裏街道をLCCで渡り歩いてきたが、それでも飛行機が一機も停まっていない空港はなかった。LCCは、混雑し、駐機料が高い大空港には似合わない存在であることはわかるが、ここまで閑散とした空港を選んだことは、エア・アラビアの勇み足ではなかったのか、と思えてくる。

空港には、飛行機とターミナルを結ぶバスもなかった。ＬＣＣ専用空港は、経費を節約するためにバスを置かないことはあったが、アレキサンドリア空港は意味が違った。発着する飛行機が少ないため、ターミナル近くに飛行機を停めることができるのだった。僕らはタラップを降り、とことこと歩いてターミナルの建物に入った。内部は思っていた以上に狭く、ふたつある木造りのイミグレーションのブースがすぐに見渡せた。どこか懐《なつ》かしささえ覚えたが、僕らはそこでビザオフィスを探さなければならなかった。エジプトは空港で到着ビザをとることができるはずだった。

しかし、フロアーのどこを眺めても、それらしい窓口はない。

「あそこでビザをとってきな」

しかたなく並んだイミグレーションの職員は出口の方角を指差した。

「はッ？」

「あそこに銀行が見えるだろ？」

「でも、あそこは荷物を受けとって、税関を抜けた先じゃないですか」

イミグレーションの職員は、「なにを杓子《しゃくし》定規なことをいってるんだ」といった面もちで、僕の後ろに並んだ男のパスポートをめくりはじめた。入国審査の厳しい国では考えられない大らかさだった。ここはそういう国のようだった。スタンプは捺《お》されていないが、いったん入国したような形になり、十五ドルを払って到着ビザシールを貼《は》ってもらった。踵《きびす》を返し、入国する人の流れに逆らうようにして、再びイミグレーションの列に並んだのだった。

すべてが締まりのない空気に包まれていた。荷物は受けとったが、税関のカウンターには職員はひとりもいなかった。今日のホテルを決めなくてはならず、銀行の横にあったツーリストインフォメーションに向かったが、ドアは閉まっていた。オフィスの前に小さな椅子《いす》を出して座っていたおっちゃんに聞くと、

「(職員は) 帰っちゃったよ」

という。時計を見ると午前十一時半だった。午前中で仕事が終わりということなのか。しかし僕らはガイドブックひとつもっていない。タクシーに乗るにしても、行き先のホテル名ぐらい告げたかった。せっかくここまできたのだ。地中海を眺めながら、ビール、いや甘い紅茶でも飲むことができる宿にしたかった。

「地中海に面した安めのホテルを知らない？」

おっちゃんに聞いた。

「ツーリストポリスへ行ってみろよ。この空港を出たところに派出所がある」

「ツーリストポリス?」

だめだと思った。その現実は、イミグレーションの職員の態度から悟っていた。こういう国の公務員は、味方にしてもなんのメリットもないが、敵にまわすと面倒な奴《やつ》ばかりなのだ。そんなところに出向いても無駄だった。

見るとツーリストインフォメーションのテーブルの上に、ホテルのリストらしい本が置いてある。ドアは閉まっているが、窓口のガラスは書類などの受け渡しができるように十センチほど開いている。おっちゃんに頼んでその本をとってもらった。おっちゃんは、ペラペラとページをめくりながら、「ここは街の中心部だ」、「ここはもう潰《つぶ》れた」などと解説してくれる。妙に詳しいのだ。考えてみれば、これだけ英語を繰るというのも、エジプトでは珍しいことだった。

ツーリストインフォメーション前にいたおっちゃん。見るからにいいかげんそうな男だろ(アレキサンドリア空港)

「……ん!」

ひょっとしたら、このおっちゃ

んは、ツーリストインフォメーションの職員ではないのか。オフィスを開けると、客が来てしまうし、ホテルの予約もしなくてはならない。だったらオフィスを閉めてしまおう。帰宅すると職場を放棄したことになってよろしくない。だから、オフィスの前に小さな椅子を出して……この国ならありそうな話だった。

おっちゃんが指差したのは、メッカホテルという宿だった。ツインで四十ドル。リストにはそう書いてある。エキストラベッドを入れても五十ドルほどで収まるかもしれない。立地は申し分ない。地中海に面しているのだ。

だがこの国は、どこまでいってもいい加減だった。タクシーでホテルに着いた。たしかに地中海に面していた。しかしフロントで宿泊代を訊くと、スカーフをかぶった中年女性は、こう平然と答えたのだった。

「うちはツインで一泊百五十ドルよ」

「はッ？」

煙草《たばこ》を喫《す》いながら、分厚いホテルリストのページをめくったおっちゃんの顔が脳裡《のうり》をかすめる。

「でも、空港で見たリストには四十ドルと……」

「これでしょ」

おばさんは机の引き出しから、空港で見た本と同じものをとり出した。

「十年以上前に印刷されたものなのよ。それ以来、一回も改訂されていないのよ。もう、この本もないと思ったけどね。空港？　ツーリストインフォメーションのスタッフが、うちに連絡をとって、宿代を確認しなくちゃいけないいんだけど……」

白髪が混ざったおっちゃんの顔が、またしても脳裡をよぎった。結局、ツインにエキストラベッドを入れてもらい、百十ドルにまけてもらった。こういう大胆な値引きを耳にすると、一泊百五十ドルというのも眉《まゆ》に唾《つば》をつけなければいけない金額だったのかもしれない。そういう国だった。

だが、地中海はいい加減ではなかった。イギリスの古いビルにあるようなじゃばら式の扉を開けて乗るエレベーターで六階にあがり、さして広くないベランダに僕ら三人は立っていた。

「地中海か……」

「ようやくここまできた」

目の前にはどーんと地中海が広がっていた。曇り空だったが、ときどき、その切れ目から光が海に差し込むと、その部分が翡翠色に変わった。この海の向こうに、ヨーロッパがある。僕らはその感慨にしばらく浸っていたかった。

アレキサンドリア。響きのいい地名だった。地中海に面したこの街は、かつてはプトレマイオス朝の首都だった。地中海貿易が盛んだった頃はその中心都市だった。一時は「世界の結び目」とまで呼ばれたという。紀元前にできたこの街は、長く貿易の中継地として賑《にぎ》わい続けたのだ。イタリア半島の商人がコショウを求めてこの街にやってきた時代もあった。アフリカをまわるインド航路が開かれた後は、ナイルデルタで穫《と》れる綿の積み出し港の役割を果たした。いまでも人口が四百万を超える街である。エジプトでは、カイロに次ぐ規模を誇っていた。

目の前の海に、地中海を囲むさまざまな国の船がやってきたのだろう。この海と街には、地中海の歴史が流れている。そんな思いに駆られて海を眺める。

しかし、それも二分ほどが限界だった。

寒いのだ。

海からの冷たく、強い風に間断なく晒《さら》されてしまうのだ。

厳冬の日本を出発し、クアラルンプール、シンガポール、バンガロールと半袖《はんそで》シャツ一枚の気候のなかを歩いていた。シャルジャはそれほど暑くはなかったが、セーターやコートはザックのなかにしまったままだった。地中海に面したアレキサンドリアという地名から、僕は勝手に歴史が息づくリゾートのイメージを抱いていたが、やはり気候はヨーロッパに近いのだ。

かつてのべ日数にして一ヵ月ほど、カイロに滞在したことがある。カイロからスーダン、エチオピアなどに分け入った。再びカイロに戻ったときに、当時のサダト大統領の暗殺事件が起きてしまった。空港は閉鎖され、二週間近く、カイロで足止めを食らってしまった。季節は十月だった。ナイル川の中洲《なかす》にあった安宿に泊まっていたが、息をするのも苦しいほど暑いスーダンを歩いてきた体には、その気候はとろけるほど心地よかった。そのイメージが残っていたのかもしれない。しかし、一月のエジプトは思いのほか寒かった。

それでも僕は、セーターを着、コートを羽織って海岸に出た。波打ち際《ぎわ》に置かれたコンクリートブロックの列が延々と続き、そこに強い波が砕け散っていた。風は休みなく、ヨーロッパの方角から吹きつける。これだけ寒いというのに、冷たい飲みものを売る男たちがやかましかった。コンクリートブロックのすき間に棲《す》んでいるのか、相当の数の野良《のら》猫が風に耐えるようにうずくまっていた。

ある予感——。それは、アレキサンドリアの空港に着いたときから続いていた。空港を出、そこにたむろするタクシー運転手と値切り交渉を続けながら、その思いは確

地中海を眺める部屋。風が冷たくてベランダから早々に部屋に戻った。パソコンを開いたが、電波はなし

アレキサンドリアの野良猫にとって１月は忍耐の日々

信に変わっていった。タクシー運転手を仕切るおやじが交渉相手だった。彼との間で値段が決まると、まるで手下のようなドライバーが車に乗る。年代物のプジョーに乗りながら、僕はしきりに呟《つぶや》いていた。

似ていた。

看板にはアラビア語があふれ、行き交う男や女たちの顔つきも違う。空気はずっと乾いている。四、五十年は使っているような車が平気で走っていた。道はあの国より、もっとひどいかもしれない……。

だが似ているのだ。

タイだった。

はじめてエジプトを訪ねたときは二十代の後半で、まだタイという国もよくは知らなかった。しかしその後、首都のバンコクに足かけ二年近くも暮らし、いまでも足繁《あししげ》く通っている。その経験をあてはめると、エジプトという国が発する匂《にお》いが妙に似かよっていた。

サダト大統領以来、現在のムバラク大統領へとエジプトは親米色の強い政権が続いている。この路線は、周辺のイスラム社会とときに対立した。タイは東西緊張時代からアメリカ寄りの路線をとってきた。周囲の国々が強硬な姿勢を打ち出し、ときに内乱が発生することも多かった。しかしそのときも、エジプトとタイは、自由主義社会の橋頭堡《きょうとうほ》のような役割を担《にな》ってきた気がする。いや、いまでもその色あいは濃い。僕らがアレキサンドリアにいた頃、ガザ地区へのイスラエルの攻撃が激しかった。アラブの国々の首脳が、この問題の解決に向けて集まったが、反イスラエル色を強く押し出す国々が多いなかで、エジプトは一線を画していた。欧米を理解するイスラム国家という位置を確保する見返りのように、エジプトには欧米の文化や物資が流れ込み、街は一見、豊かそうにも映るのだ。それはタイも同じだった。

しかし、そんな政治や経済という表層の話ではなく、もっと根のところで、エジプトとタイというふたつの国、いや国民性は重なりあうのだ。

その日の昼、僕らはホテルに近い一軒の小さな食堂に入った。言葉はほとんど通じなかった。すると店の主人が、僕らを厨房《ちゅうぼう》に招き入れた。ここで指差せと笑顔をつくるのだった。店員なのか客なのかわからない青年が、妙に神妙な手つきで、そろそろと、羊肉やピクルスなどが載ったプレートを運んできた。そして、意味もなく笑うのだった。

細部に宿るもの……。

そういうことかもしれなかった。

自由気ままな個人の海外旅行は、それほど難しいことではない。ホテルに泊まり、飯を食い、街を歩きまわる……金と体力さえあれば、誰でもできることだ。しかし旅人にも心の揺れがある。元気に足が前に出ていく日もあれば、ベッドから体を起こすことが怖く、いつまでも毛布にくるまっていたい朝もある。そんな重い心を救ってくれるのは、その国やそこに暮らす人々が発する笑顔だったり、ときに吹き出してしまうような動作だったりするのだ。そんなものが細部にちりばめられているという感覚が、エジプトとタイの街からは伝わってくるのだ。

メッカホテルという地中海に面したこのホテルの部屋に入ったときもそうだった。首に安物のスカーフを巻き、もこもことセーターを着こんだ小太りの背の低いおばちゃんが、毛布やシーツをもってきてくれた。いくら寒いとはいえ、どう見てもホテルのスタッフには見えない姿だった。部屋ではリモコンを押してテレビが映ることを僕らに教えようとした。ところが、なかなかモニターに映像が出てこない。そこでつくる頼りない笑みはタイ人にそっくりだった。やがて、おばちゃんは、新しいテレビをもってくると、ジェスチャーで示すのだった。

「いいよ、おばちゃん。どうせアラビア語の放送ばかりなんだから。僕らテレビがなくても平気だから」

不思議なことだが、こういう国にくると、僕はなぜか日本語を口にしてしまう。もちろん通じはしないのだが、つい話しかけてしまうのだ。

しばらくすると、おばちゃんはテレビをかかえ、よろよろとした足どりで現われた。背の低いおばちゃんには、テレビはかなり重そうだった。テレビは壁のやや高い所にある台の上に置かなくてはいけないのだが、おばちゃんの背ではとても届きそうもない。阿部氏や冨永君が手伝い、ようやくテレビをとり換えることができた。リモコンのボタンを押し、おばちゃんは得意気に笑う。

「わかった。ありがとう。本当、ありがとう……ね」

僕は再び日本語を口にしてしまっていた。

以前、僕は『日本を降りる若者たち』という本を書いた。日本で二、三ヵ月働き、その間に金を貯《た》める。それを資金に物価の安い海外で暮らす若者たちだった。アジアでは、その中心がタイのバンコクで、彼らは俗に「外こもり」と呼ばれていた。日本で「こもる」のではなく、海外で「こもる」という意味だ。ニートの海外暮らし版といってもよかった。

ヨーロッパでも、同じような若者が増えていた。一時のユーロ高がその動きに拍車をかけた。先進国といわれた国々は、働こうとしない若者を抱えるという隘路《あいろ》に入り込んでいるのだ。ヨーロッパの若者の「外こもり」の街がカイロだった。

物価とビザだった。働かずに長期間滞在するには、物価が安く、長期滞在が可能なビザがあることが必要だった。エジプトの物価はタイよりも安かった。路上で売っている羊肉を挟んだサンドイッチは二ポンド、日本円で三十五円ほどである。カフェで紅茶を飲んでも一ポンドですむ。ビザも寛容だった。到着ビザをとり、さらに延長すれば一年ほどの滞在が可能になるようだった。

しかし物価や滞在資格の問題をクリアーできる国はほかにもあるはずだった。だが、なぜかエジプトとタイだった。

『日本を降りる若者たち』という本をめぐり、多くの取材を受けた。新聞や雑誌にも書評が載った。その多くが、「この若者たちはこれからどうなるのか」という外こもり批判に傾いていた。働かない若者へ戒め言葉が躍っていた。その背後には、「働きもせずにふらふらと生きる能天気な若者」という認識が潜んでいた。

僕の言葉が足りなかったのかもしれない。いや文章力がないのか……。僕はバンコクで、多くの外こもり組と会ったが、その多くが、真面目《まじめ》で、働かないことに悩んでいた。周囲の人が抱く極楽とんぼのイメージとはだいぶ違った。

日本にいた頃から、ずっと悩んでいたはずだった。働こうとしても、なにが自分に向いているのかがわからない若者たちだった。やりたいことがみつからず、もがき続けるタイプだった。

日本という国や社会は、彼らに冷たかった。二十代も半ばにさしかかり、平日の昼間、家にいたりすると、すぐに、「引きこもり」という噂《うわさ》がたった。その傾向は、地方都市のほうが強い。そのなかで焦《あせ》り、もがくのだが、かけ違えてしまったボタンをいくら留め続けていっても、やはりずれたままだったのだ。

そんな若者が、タイやエジプトの社会に迷い込む。この国には、働かずにぶらぶらしている男が多いから、なにもしない彼らを、あたり前のように受け入れてくれる。ひとりの人間として扱ってくれるのだ。いや、それ以上かもしれない。タイ人やエジプト人は、先進国の人々へのコンプレックスをもっているから、彼らを一目置いて見てくれるのだ。

だがそんな国は世界にいくつもある。タイやエジプトには、その先があるのだ。彼らの流儀でかまってくれるのだ。頼みもしないのに厨房に招き入れる。いいというのに、映るテレビを運び込む。外こもり組が抱えもつ悩みには無関心だが、放っておかない。そんな絶妙な距離感をもっている人々だった。

生まれ育った国で、悩み、苦しんでいた若者の顔に、笑顔が戻ってくる。問題の本質はなにひとつ解決していないというのに、毎日が楽しくなってくる。些細《ささい》なことで、救われていくのだ。タイやエジプトの社会には、そういうものが細部に宿っていた。外こもり組は、その空気に敏感だった。

「はまりそうですね、この国は」

冨永君がぽつりといった。あれは、空港からホテルに向かうタクシーのなかだったろうか。

彼はニートだった。

大学は行かず、リゾートバイトを繰り返してきた。

「将来、なにをしたらいいのかもわからないから、大学へ行くのも無駄だと思って。リゾバも最初は面白かった。上高地とか知床とか……いろんなところへ行けますから。でも、なんとなくわかってきちゃった。大学へ行った友だちが卒業する頃までには、やることを決めなくちゃいけないと思うんですけど」

彼とはそんな話をよくした。あまりに暇だったクアラルンプールのＬＣＣＴの待合室、シンガポールのカフェ、シャルジャの宿……。

「仕事の面白さって、仕事をやってみないとみつからないんだよ」

僕はそんなありきたりの話しかできなかった。海外で働く話もした。

「バンコクのコールセンターがスタッフを募集してたな。この会社を立ちあげた人と会ったことがある。彼はタイが好きでね。だからタイで会社をつくったんだ。そういう生き方もあるんだよ。いまは日本にいるけど」

「帰っちゃったんですか」

「いや、ある会社の傘下《さんか》に入ったんだよ。そうしたら、その本社の人事担当に抜擢《ばってき》されちゃって」

「だから会社勤めは嫌なんですよ。いくらやりたいことがあっても、会社の都合が優先されちゃう」

「でもなぁ……」

ニートの典型だった。先のことを考えすぎて、結局はなにもできなくなってしまうタイプだった。こんな大学生も多いという。就職活動を前に、仕事や会社のことを調べれば調べるほど、迷路に入り込み、出口がみつからなくなってしまうのだという。こんな若者が、きっとタイやエジプトに反応してしまうのに違いなかった。

アレキサンドリアの街に出るとき、僕は鞄《かばん》のなかにノートパソコンを入れた。シャルジャでは一回もパソコンを開かなかった。アレキサンドリアのホテルもメールがつながらなかった。そろそろメールをチェックする時期だった。ＬＣＣは予約し、航空券を買った後、確認のメールが届くことが多いのだ。アテネまでのエージアンエアー、そこからロンドンまでのイージージェットは、はじめて利用するＬＣＣだった。

ノートパソコンをもち出したのは、ひとつの予感だった。やはりタイだった。バンコクはいま、無線ＬＡＮを備えたカフェが増えているのだ。

アレキサンドリアのカフェ。ネットがつながる時代……

このあたりの事情は、国によってずいぶん違う。台湾の台北《タイペイ》のように、市内全域に無線ＬＡＮ網を広げ、どこでも無料でネットがつながる太っ腹なプランを推進している街もある。日本は世知辛い国で、無線ＬＡＮがつながるポイントはあるものの、有料のうえに、事前に申し込まなければいけないことが多い。タイはカフェなどが、客を集める材料として、無料の無線ＬＡＮを備えるようになってきていた。エジプトでそういう店があるという話を聞いていたわけではないが、アレキサンドリアの街を見たとき、タイのような店があるような気がしたのだ。

予感はぴたりと当たった。地中海に面した道をしばらく歩くと、『ELREHANY』というカフェがあり、その窓に「Wi・Fi」のポスターが貼《は》ってあったのだ。「Wi・Fi」は無線LANを意味していた。

重厚な造りのカフェだった。ウエイターはスーツ姿の中年男性ばかりだった。エジプトでは、カフェのウエイターは立派な男の仕事のようだったが、紅茶一杯三ポンド、五十円ほどなのである。他の店よりは高かったが、これでどれだけの収入になるのだろうか。

店内ではパソコンを開いている客が多かった。なかには、水パイプで煙草《たばこ》を喫《す》いながら、キーボードを叩《たた》く男性もいた。もうそういう時代なのだった。ウエイターに訊《き》くと、ポケットから携帯電話をとりだして、パスワードを教えてくれた。

LCCから次々にメールがきていた。イージージェットからは、格安ホテルやレンタカー、レンタル携帯電話のプロモーションが届く。ロンドンからダブリンまで乗る予定のエアリンガスからは、確認のメールも届いていた。これを返信するシステムのようだった。翌日に乗るエージアンエアーからはなにも届いていないことが不安だった。VATの欄の書き込みが引っかかっていなければいいが……。

このカフェは電源もあったから、冨永君もネットサーフィンに余念がない。見ると、また株の動きをチェックしていた。ニートを自認する彼にしたら、株のあがりで生きていくことができれば……という淡い期待をもっているのかもしれなかったが、東証の株価は値上がりする気配すら見せていないらしい。

彼はメキシコに向かう便も探しているようだった。僕と阿部氏は、ロサンゼルスから帰国する便を確保していた。ことのほか厳しいアメリカの入国審査のためだった。冨永君はしばらく、アメリカの西海岸に滞在する予定だ。しかし、アメリカに入国するとき、出国する航空券がないとチェックが厳しくなる。

「困ったなあ。なんの返事もないんですよ」

冨永君が日本に帰る航空券の手配を依頼する会社との連絡がうまくいっていないようだった。この問題はロンドンやアイルランドまで尾を引くことになる。

二時間近く、このカフェにいてしまった。視線をあげると、外はすでに暗く、強い風に雨まで加わってきていた。

「今日は早く寝るか。シャルジャの朝も早かったし、明日はカイロまで行かなくちゃいけない」

「何時でしたっけ」

「ホテルで訊いたら、七時の列車があるっていってた。十一時にはカイロに着くから、アテネ行きのエージアンエアーには間に合うでしょ。えーと、出発は午後の二時四十五分だから……」

「ってことは六時にはホテルを出ないと……」

「この街にはビールはなさそうだしな」

「……」

そろそろ旅の疲れが出はじめる時期だった。日本を出発して、明日で一週間になる。

バスはカイロ市内に入る。やたらとパラボラアンテナの多い街だった

翌朝、まだ暗いアレキサンドリアの街を鉄道駅に向かった。しかし七時の列車は満席だった。次の列車は八時だった。ほとんど英語が通じなかったが、身振り手振りでなんとかそこまでわかった。だが職員のおじさんは、なかなか発券しようとしない。面倒臭そうに時刻表を眺めている。そのうちに窓口に近づき、外の方を指差した。

「バス」

バスで行けということらしい。

「まったくやる気がないじゃないですか。切符を売るのが面倒なんですよ」

「たぶん公務員なんじゃない？」

またしてもタイと同じだった。タイは国鉄が健在なのだが、ほとんど働かないような職員がうようよいる。バンコク市内には、BTSという高架電車が走っているが、その運行は国鉄に任せなかった。彼らにやらせると定時運行もままならないのだった。

バスは駅前に停まっていた。カイロまで四十ポンド。四時間で六百八十円という安さだった。突然、眠りを覚ますようなアザーンの音がアレキサンドリアの古い街並みに響いた。そういえば、バンガロールとシャルジャから乗ったエア・アラビアは、出発するとき、必ずこのアザーンが機内に響いた。この旅でアザーン詠唱を聞くのも、これが最後かもしれない。今日の夜は、ギリシャというキリスト教圏に入っているはずだ。

アザーンに送られるように、バスはゆっくりとカイロに向かって出発した。

# 第5章　アテネ・ロンドン

easyJet
Passenger
SHIMOKAWA/YUJI
From
Athens
To
London Gatwick
Flight
EZY8746
Date
19JAN
Seq No.
64
Boarding Group
B
AEGEAN AIRLINES
AEGEAN AIRLINES
AEGEAN AIRLINES
www.aegeanair.com
Even if your baggage has been
destination, you may have to clear it
customs at point of transfer.

「電車ですね」

阿部氏が妙なことに感動していた。空港から市内に向かう電車はメトロと名づけられていたが、まだ地上を走っていた。市街地に入って地下に潜るらしい。駅に停まるごとに、少しずつ乗客が増えていく。そういえば、シンガポールで空港に向かう地下鉄に乗って以来、僕らは一回も電車というものに乗っていなかった。ようやく、そういう世界に戻ってきたことになる。

しかし、窓の外を見ていた冨永君の顔は浮かなかった。

「しょぼい街なんですね」

「しょぼい？」

「アテネって、超有名な街じゃないですか。これまでまわってきた街のなかで、いちばん有名でしょ。オリンピックもあったし。期待してたんです。飛行機が下降しはじめたとき、エーゲ海に浮かぶ小さな島が見えた。ちょうど西陽が当たって、輝いていた。でも、アテネは……」

空港駅を電車が出発し、最初に目にしたのは、イケアの倉庫のような建物だった。その先に続くのは工場団地ばかりだった。冨永君にしたら、「アテネは遺跡で埋まっている」ようにも想像していたのかもしれない。あるいは京都のような街と思ってもいたのだろうか。たしかにこの沿線風景は、そんな期待をみごとに裏切っていた。

アテネは坂の街だ。でも街並みはしょぼくない？

カイロの空港では、無事にエージアンエアーに乗ることができた。

ＬＣＣのチェックインは、プリントした航空券がなくても問題はない。パスポートを提示し、航空会社のスタッフが、名前やパスポート番号を打ち込めば記録が出てくるシステムになっている。しかしなにか不安だった。僕はパソコンに残った記録を小さなＵＳＢメモリーに保存し、シャルジャの街のなかにあったインターネットカフェにもち込んだ。いろいろと説明しなくてはいけないかと思ったが、店にいた男性に小さなメモリーを見せると、すぐにわかってくれた。こうしてプリントする人は少なくないのかもしれない。

カイロのエージアンエアーのカウンターで、その航空券とパスポートをそっと出した。職員は顔色ひとつ変えずキーボードを叩《たた》き、カタカタという音を残して荷物のタグや搭乗券が出てきた。

よかった。

これでアテネまで行ける。

それにしても、あのＶＡＴ欄は、いったいなんだったのだろうか。

エージアンエアーは、これまで乗ってきたＬＣＣとは、ずいぶん違っていた。いや、はたしてＬＣＣなのかという疑問がいまだに残っている。

飛行機も違った。これまではすべて、エアバス３２０という中型機だった。しかしエージアンエアーは、ボーイング７３７だった。これも中型機で、ＬＣＣがよく使う飛行機だから、それを理由にＬＣＣではないとはいえない。だが、機内やサービスが大きく違った。座席の間隔は、既存の飛行機のそれで、ＬＣＣよりはだいぶ広い。ラックには『ｂｌｖｅ』という機内誌が差し込まれていたが、これが分厚いファッション誌のようなつくりで、節約を信条にするＬＣＣのものとは思えなかった。その機内誌をぺらぺらとめくっていた。エージアンエアーのガイドのページがあり、そこに「フルサービスエアライン」と記されていた。

　フルサービスとは、既存の国際線のサービスを指す。おしぼりが出、毛布が用意され、機内食が提供されるサービスである。果たして、離陸してしばらくたつと、小型トレーに乗せられた機内食が出てきた。カイロからアテネまでは二時間のフライトで、午後二時四十五分発という時間帯だったから、軽食のサービスだったが、昼や夕方のフライトなら、もう少しボリュームのある食事も出るのかもしれない。

　運賃も高かった。2万円近くしたのだ。四時間のフライトで1万円……という大ざっぱなLCCの相場からすると、やはり高すぎた。

　ヨーロッパでは、既存の航空会社とLCCの境界は年を追って曖昧《あいまい》になってきている。既存の航空会社がLCC運賃を意識してきているのだ。ルフトハンザ・ドイツ航空のヨーロッパ内路線をみると、便は限定しているものの、大幅な値下げを行うことがある。その便の運賃だけをみれば、LCC各社と肩を並べている。予約もインターネットでできるから、LCCと変わりはない。その便だけ、LCCのように機内食は有料……といったスタイルにできないから、いままで通りのフルサービスで運航している。

ギリシャのマツのマツヤニ（白い部分）はこんなに大量。だからワインにも？

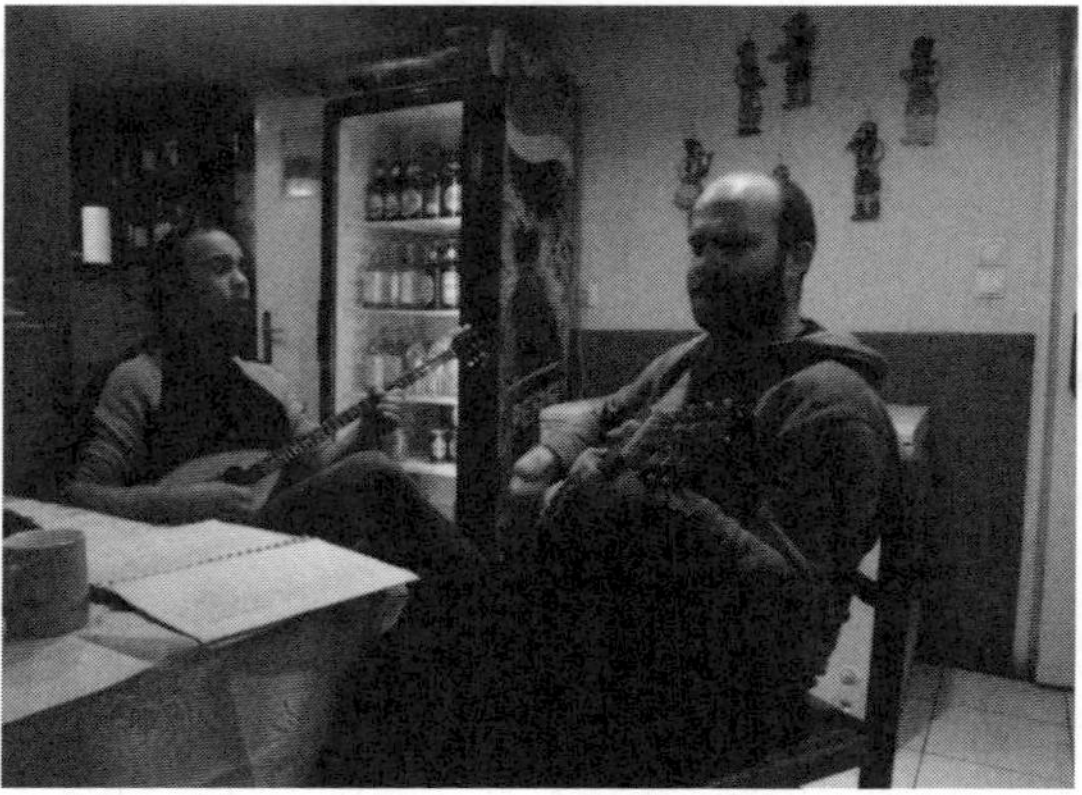

タベルナの弾き語り。ヨーロッパというより中東の香りがする音調だった

エージアンエアーも、その流れかとも考えたが、少し情況は違う気がする。この航空会社は、ギリシャの国内線を中心に空路を広げてきた。西ヨーロッパに比べれば、ギリシャ国内の競争はそれほど激しくはない。LCCのシステムを一部とり入れることで、人件費の削減を狙《ねら》っただけかもしれない。ヨーロッパとアフリカや中東を結ぶ路線は、さらに便数が少なくなる。それほど値下げする必要もないのだろう。

ヨーロッパのなかでは、ギリシャは片田舎の風情《ふぜい》すらある。実はその空気が好きで、僕は四回もこの国を訪ねている。遺跡はたしかに立派だが、街並みは、冨永君が口にしたように、かなりしょぼい。そこがギリシャの魅力でもあった。

しかしそういえるのは、イギリスやドイツといったヨーロッパを代表する国を知っているからだった。バンガロール（ベンガロール）、シャルジャ、アレキサンドリア、カイロと渡り歩いてくると、はじめてのヨーロッパに胸がたかなるのも無理はなかった。

冨永君には申し訳ないが、ギリシャはその程度の国だった。

シンダグマ駅で地下鉄を乗り換え、アクロポリ駅で降りた。ホテルは空港に店を構えていたエージェントで予約した。ホテルへの道を歩きながら、これまでアテネですごした日々が少しずつ蘇《よみがえ》ってくる。タベルナという食堂の店先からは、魚を焼く匂《にお》いが漂ってくる。ちょっとパサついたギリシャのパン。テーブルクロスは、わら半紙のような紙だった。マツヤニの風味が仄《ほの》かに漂うギリシャワインを、肉厚の小さなコップに注いで口に含む。このワインは、フランスやイタリアの洗練された味にはほど遠いが、どこか乾いたオリーブ畑を思い出させる味で、僕は気に入っていた。

踵《きびす》を返すようにホテルを出た。できるだけ、観光客が少なそうな店を選んでテーブルにつく。ぽんとパンが出てきて、デカンタから注いだワインをひと口啜《すす》る。

「どう？」

ギリシャがはじめての阿部氏に声をかける。

「……………」

彼の複雑な表情がすべてだった。そう、ギリシャワインはそういう味なのだ。

「田舎の味でしょ」

「たしかに……」

味にまろやかさはなく、ぎしぎしと音をたてて食道を通る感覚が残る。マツヤニの風味も、普通の白ワインにはないものだ。しかしこれを毎日のように飲んでいると、いつの間にか、体がギリシャワインにとり込まれていってしまうのだ。

あのときもそうだった。

もう十九年も前になる。

僕は毎日、アクロポリスの麓《ふもと》にくねくねと続く路地を歩いていた。ちょうどいま頃の季節だった。観光客が大挙してやってくる夏はまだ先で、路地は閑散としていた。カフェや旅行会社のスタッフも、冬眠中のカエルのように動きが鈍かった。そのなかで、僕は旅行会社を探し歩いていた。

アテネにはじめて足を踏み入れたのはその前年だった。第1章でお話ししたように、二十年ほど前、僕は『12万円で世界を歩く』という企画で世界を歩いていた。その最終回の目的地がアテネだったのだ。この企画は、週刊朝日の編集部から十二万円ぽっきりの旅費を受けとり、航空券を買い、ホテルに泊まり、飯を食い……と旅を続け、いったいどこまで行って帰ってくることができるかというものだった。日本はバブル景気に浮かれていた頃で、海外旅行といえば、高級ホテルに泊まり、ブランド品を買うような旅がよく雑誌やテレビで紹介されていた。豊かになった日本人が鼻で嗤《わら》うような貧乏旅行企画だったのだ。

そのときは、大阪を出航する鑑真《がんじん》号というフェリーで上海《シャンハイ》に渡り、中国のカシュガルからクンジュラブ峠を越えてパキスタンに入り、イラン、トルコと列車やバスを乗り継ぎ、ギリシャに辿《たど》り着いた。アテネの街に着いたとき、僕は少し興奮していた。財布のなかには六万円相当の資金が残っていた。これで航空券を買い、日本に戻った。

この企画は月に一回の連載で、二年ほど続いた。やがて一冊の単行本にまとまった。「貧乏旅行の本なんか……」という思いはいい方向に裏切られ、書店のカウンターに並べられるほど売れた。旅の本でいえば、僕のデビュー作にもなった。人から、「どうしてそんな修行僧のような旅を」と同情されることも多かったが、十二万円という金額で、そこまで行くことができるという事実が新鮮に映ったようだった。

この旅を可能にしたのが、当時、利用する人が増えつつあった格安航空券だった。東京からロサンゼルス往復が七万円台と、いまよりは高かったが、飛行機代は20、30万円と刷り込まれていた当時の日本人には、目からウロコのような金額だったのだ。そこに目をつけたある出版社から、格安航空券の雑誌をつくらないかという依頼が舞い込んだのは、単行本が発行されてしばらく経《た》った頃だった。

当時、世のなかには、インターネットというものはなかった。人々は格安航空券を扱う旅行会社の広告を見たり、直接電話をかけて料金を訊《き》かなければならなかった。格安航空券は、団体用の航空券をバラ売りするシステムで、日系航空会社はその違法性を口にしていた時期でもあった。旅行会社にしても、日系航空会社から睨《にら》まれるのを怖《おそ》れ、広告では最も安い運賃を表示できないこともあった。安く航空券を手に入れたい人は電話が頼りだったのだ。

そんな時期に、格安航空券の運賃を表示してしまう雑誌という企画は冒険に近かった。旅行会社に相談に出向いても、顔を曇らせる担当者が多かった。

「そういう雑誌は、絶対に必要でしょうね。時代の流れですから。でも、本当の料金をどこまで表示できるか……となるとね。怖いんですよ。日系航空会社がチェックしてますから。航空会社がチケットを卸してくれなかったら、うちは商売になりませんから」

しかしこの雑誌の企画は進んだ。近い将来、格安航空券が市民権を得るという読みがあったからだ。日本人が、格安航空券を利用しはじめていることも支えだった。

国内の旅行会社に、料金情報を提供する依頼をする一方で、海外の旅行会社からも情報をもらうことにした。団体用航空券のバラ売りというシステムは、日本の特殊な事情にすぎなかった。海外では単純に、値引きされた航空券が旅行会社を通して売られていたのだ。『12万円で世界を歩く』という旅でも、しばしば、海外の旅行会社で航空券を買っていた。

格安航空券の運賃情報を提供してもらうために、海外に出向くことになった。僕の担当は、アジアとヨーロッパだった。タイのバンコクを振り出しに、アテネ、アムステルダム、ロンドンとまわることにした。バンコクで何社もの旅行会社を訪ねた。そこから、当時、ヨーロッパに向かうにはいちばん安かったポーランド航空を使い、ワルシャワ経由でアテネに入った。

ガイドブックなどで旅行会社の目星はつけておいたのだが、アテネの路地裏で、僕は途方に暮れてしまった。昼すぎから、シンダグマ広場周辺の旅行会社を訪ねると、その多くが店を閉めていたのだ。たまに店を開けている旅行会社もあったが、

「うちはクルーズ専門なんです」

といわれてしまう。

どうしようか……。

さまざまな人に訊いてわかってきたことは、オフシーズンで航空券を買う人が少ないため、多くの旅行会社が営業時間を短縮しているということだった。午前中は店を開けるところが多いという話だったが、確証があったわけではなかった。

その夜、泊まっていた安宿に近いタベルナに入った。久しぶりに飲んだギリシャワインが胃に染《し》みた。近くにいた老人が握手を求めてきた。

「君はギリシャの歌を知ってるかい」

唐突にそういわれた。僕が首を横に振ると、一緒にワインを飲んでいたふたりの老人も加わって、どこかジプシー音楽を思わせるような哀調を含んだ歌を唄《うた》ってくれた。終わると、僕のグラスに白ワインをなみなみと注いで、優しい笑みをつくるのだった。なぜあのとき、悲しげな歌を選んだのか、僕はいまでもわからない。僕の表情を察し、彼らなりに慰めてくれたのだろうか。

翌朝、僕は朝早くから、店を開けている旅行会社を探して、路地をあてもなく歩きまわった。店先でコーヒーを飲んでいる男と目が合った。見あげると、旅行会社の看板が出ている。

「旅行会社の人ですか」

男は笑顔をつくった。

「いまは客が少ないから、開店休業状態。毎朝、八時には店を開けるけど、昼までかな。早いときは十時頃に家に帰ることもあるんだ」

男はそういいながら、オフィスに招き入れてくれた。

僕は日本で、格安航空券の雑誌を発行する計画を説明した。

「昔、アテネはね、安い航空券のメッカだった。でも、最近は、ロンドンのインド系旅行会社にやられっぱなしだよ。彼らはチャーター便を飛ばす資金があるからね。でも、そうもいってられない。一緒に頑張ろう。日本人がたくさんきてくれると、少しは情況も変わってくる。日本語も覚えなきゃ……な」

快諾はしてくれたが、料金リストをつくることはなかなか大変なことだった。まずアテネ発の空路のなかから三十ほどの目的地を決め、そこに就航する航空会社の運賃を調べなければならない。そこから最安値を探していくわけだ。そのリストが完成したら、それを日本に送ることになる。当時はEメールもなかったから、ファックスのやりとりになる。内容の確認になると電話になってしまうかもしれない。通信費がかさんでしまう。

その場で、一回目の原稿をつくることになった。机を挟んで彼と向かいあい、ロンドン、パリ、ナイロビ、バンコク……とアテネからの最安値料金を書き込んでいく。

「イスタンブールも入れなきゃな。ヨーロッパをまわった日本人学生がときどきやってくる。彼らはトルコへ行くことが多いんだ。そう、トルコ航空が学割チケットを売ってたような気がしたな」

一ページ分の情報を書き込んだ。昼までかかった。

そのとき、僕はアテネに三日間滞在した。昼は旅行会社を訪ね、結局、三社が協力してくれるところまでこぎ着けた。夜はいつも同じタベルナに顔を出した。店の主人は黙っていても、デカンタに入ったワインをテーブルに置いてくれた。体がこのワインに馴染《なじ》んでいく感覚がよくわかった。

格安航空券の運賃情報誌は、それから四ヵ月ほどして刊行された。創刊号は、海外へもっていけるようにとポケットサイズになった。タイトルは『FLIGHT KIT』。表紙には、「初のディスカウント・エア・チケット完全情報誌」という文字が躍っていた。そこには、「世界6都市の旅行代理店をネットワークした」というコピーも添えられた。

日本の多くの旅行会社が協力してくれた。日系航空会社の運賃は、掲載しても問題がない金額に落ち着いた。しかしそれでは、最安値を掲載できない。やがて、「航空会社未定」という表記になっていった。

時代の流れだったのだろう。この雑誌の反応が出はじめる。雑誌の売れゆきも少しずつよくなっていた。はじめは急ごしらえのスタッフで編集作業もこなしていたが、しだいに編集部らしいものができあがっていった。

情報誌というジャンルがブームにもなっていた。リクルートが発行する数々の雑誌が書店で幅を利かせていた。アルバイトや就職、住宅などを扱った広告型の雑誌だった。会社は雑誌のページを広告のように買い、そこに情報を流すスタイルだった。そのなかに『エイビーロード』があった。パッケージツアーの情報誌だった。他社からも、同じようにパッケージツアーの料金を紹介する旅行情報誌も発売されるようになった。旅行が商品として扱われるようになっていったのだ。

その波に『FLIGHT　KIT』は、瞬《またた》く間に呑《の》み込まれていった。雑誌のタイトルも、『格安航空券ガイド』に変わった。だが当時の日本では、パッケージツアーを利用する人が圧倒的に多く、格安航空券だけを扱う『格安航空券ガイド』は地味な存在だった。この雑誌を買うのは、個人で海外旅行に出る人が中心だったからだ。

しかし日本人の旅は加速度がついてしまったかのように進化していく。お仕着せのパッケージツアーには飽き足りない人たちが、個人の自由旅行に移行していく。そのなかで、『エイビーロード』も格安航空券の価格情報を掲載するようになっていった。

その頃のような記憶がある。半ばなし崩し的に、格安航空券の料金を公《おおやけ》にすることがまかり通るようになった。格安航空券は、ようやく市民権を得ることになった。

その動きのなかに、僕がかかわる『格安航空券ガイド』もとり込まれていく。発行は季刊、つまり年四回から隔月発売になった。専任のスタッフも集まり、本格的な編集部に育っていった。日本の旅行会社からは、ページを広告のように買いあげる形で情報を載せてもらうようになった。世のなかの情報誌のスタイルに倣《なら》った形だった。しかし、海外の旅行会社の情報は無料で掲載していった。日本では、旅行会社間の価格競争が年を追って激しくなっていたが、海外の旅行会社は、その流れとは無縁だったのだ。アテネの旅行会社とのつきあいは続いていた。一緒に料金リストを作った会社は、いつもきちんとファックスを送ってくれた。

格安航空券は、航空会社からホールセラーと呼ばれる問屋に渡され、そこで旅行会社が売る料金が決められていく。夏休みや年末年始といった時期は、他社の料金との競争になる。千円でも、百円でも安い方に利用者は流れるからだ。二〇〇〇年前後、『格安航空券ガイド』の締め切りが、その料金を決めるタイミングになっていた頃もあった。いまになって思い返せば、あの頃が格安航空券の全盛期だった。僕がかかわった雑誌も、その媒介としての意味を認められてもいた。

やがて編集部の机の上にはパソコンが置かれるようになっていった。コンピュータが、猛烈な勢いで普及しはじめたのだ。雑誌ではまず、文字や金額を打ち込むツールとして使われはじめた。それまでは印刷所に原稿用紙に書かれた原稿やワープロで打った原稿をプリントして渡し、それを写植といわれる方法で活字にしていった。出版社にしてみたら、コンピュータという機械のおかげで、写植代が浮くのだから、経費の節約につながった。僕らもこぞってコンピュータの世界に入っていくのだが、それが将来、自らの雑誌の命を絶つまでのツールになるとは、誰も思っていなかった。

コンピュータをワープロのように、つまりデータを入力する機械として使う時期がしばらく続いた。しかしこの機械は、通信と結びつき、Eメールやインターネットへと発展していく。海外とのやりとりは、これでずいぶん楽になったが、それは同時に、雑誌を買わなくても情報を得ることができる道をつくりあげていく。

激しく分裂する細胞のようにコンピュータは普及し、旅行会社は、自らホームページをつくり、格安航空券の情報を伝えはじめていく。この環境の変化は、情報誌系の雑誌を直撃していった。パッケージツアーや航空券の価格情報だけでなく、旅の情報もインターネットで得られるようになっていく。情報誌のいくつかは、ネットの世界に移行していった。『エイビーロード』も雑誌の発行をやめ、ネットのホームページだけになった。『格安航空券ガイド』は、ネットへの移行が遅れた。出版社系の会社から発行されているという理由もあったが、僕自身の雑誌への思い入れが強かったことも一因だった。しかし、気がつくと、すでに旅行会社が自らのサイトで頑張り、雑誌への期待は薄れていく。時流に乗り遅れたということだったが、僕のなかでもなにかが終わっていた。

『格安航空券ガイド』は、四年前に休刊になった。出版業界でいう休刊とは、事実上の廃刊である。最後の頃は苦しかった。売り上げは伸び悩み、広告も減っていった。

僕は旅に出た。

格安航空券が生まれ、飛行機という乗り物が等身大の手の届くものになった。僕は「これからは格安航空券の時代だ」とばかりに、情報誌を発刊し、編集に携わってきた。しかしその十余年は、旅を商品化していくことに邁進《まいしん》していただけではないか。それが時代だったのかもしれないが、内心、忸怩《じくじ》たるものがあった。

『格安航空券ガイド』の編集にかかわっていたとき、台北《タイペイ》の空港待合室で、バンコクから日本に帰る若者の話が耳に聞こえてきたことがあった。彼らは安いチャイナエアラインを使っていた。

「バンコク、もっといたかったよな。物価があんなに安いんだから、あと一週間は楽勝だったな」

「でも十日フィックスの航空券だからな。もっといたくても無理なんだよ」

「でも、どうしてバンコクって、どの航空会社も十日だけなの？　もっと長く滞在したい人だっているのにさ……」

僕は『格安航空券ガイド』の誌面を思い出していた。旅行会社は、少しでも安い価格を掲載しようとする。勢い、滞在期間が短い航空券になっていく。当時のバンコク路線は、十日フィックスが多かった。誌面には十日フィックスの航空券ばかりが並んでいた。フィックスとは、往路と復路の変更ができない航空券である。

だが航空券にはさまざまな種類があった。三十日フィックスや四十五日フィックスという航空券もある。変更が可能な航空券や片道航空券もあった。それらは高くなるから、誌面に出ないだけなのだ。

格安航空券の値引き競争は激しくなる一方だった。少しでも他社より安くするために、さまざまな条件が加わってくる。変更が難しくなり、滞在日数が短くなっていった。平日や休日、ひどくなると午前便か午後便かでも運賃が変わっていった。『格安航空券ガイド』を発行していく仕事は、その競争に拍車をかけただけではなかったか。

僕はアテネの路地を歩きながら、店の前で彼がコーヒーを飲んでいた……あの店を探していた。休刊になったとき、その通知はEメールで伝えてあった。返信はなかったが、彼とはもう一度、会ってみたかった。

「ここだったと思うんだけどな……」

淡い記憶を頼りにいくつかの角を曲がった。角に果物屋があったような気がした。そこも探してみた。なかなかみつからない。オリンピックで街が整備されたことがい

アテネ市内では、唐突に遺跡が現われる

けなかったのかもしれない。昔に比べれば、旅行会社も減っているような気もする。いや、その後の暴動だったか。昨年（二〇〇八年）の暮れ、十六歳の少年が警官に射殺されたことに若者たちが反発し、ギリシャ各地でデモが起きた。一部の若者は商店の窓ガラスを割り、火を放った。アテネが最も激しく、中心街のオフィスが襲われ、火に包まれた。シンダグマ広場の周りにも、その焼け跡が生々しく残っていた。

旅行会社をたたんでしまったのではないか。そんな危惧《きぐ》もあった。それはヨーロッパではじまったノーコミッションの流れだった。旅行会社は以前、航空券を売ると九パーセントの手数料を、航空会社からもらうことができた。しかし収益の減少に悩んだ航空会社は、この手数料を減らしはじめた。七パーセントに下がり、五パーセントになり、二パーセントという数字が出てきたとき、多くの旅行会社が天を仰いだといわれる。それではビジネスが成りたたなくなってしまうのだ。一部の旅行会社は、廃業の道を選んだ。自ら利益を上乗せできるパッケージツアーに走った会社も多かった。

航空会社は、旅行会社を使わず、自ら販売していく道を築こうとしていた。そのためにスタッフを雇ったのでは意味がない。背後にあったのは、インターネットだった。サイトを通して、直接、航空券を売ろうとしたのだ。

インターネットは、旅行業界の構造変化の道をつくったのだ。だが話は、そう簡単には進まなかった。自分だけの判断で、航空券を買うことができる人は、そう多くはいなかったのだ。どの便がいいのか、昔なら旅行会社に相談することができた。旅行会社は、就航便の料金や運航時刻、サービスなどを比べながら、航空券を案内していったのだ。しかし、手数料がもらえなければ、その相談も受けられない。困った利用者は航空会社に連絡をとるのだが、オペレーターは、自社便の説明はできても、他社の話はできない。インターネット予約に一本化しようとしても、航空券を買うことができない人々が出てきてしまったのだ。その減少率は三割にものぼったという。

そこで旅行会社は、独自に手数料を設定して販売することになっていく。その方法で、いまも営業を続ける会社も少なくなかった。航空会社も、空席を抱えて飛ぶよりは……と値引きした航空券をこっそりと旅行会社に卸す事態も起きてきたという。

インターネットというツールをめぐり、航空会社や旅行会社は、大きく揺れる数年を経験していた。アテネの旅行会社は、店を閉めてしまったのかもしれなかった。はじめて会ったとき、三十代も後半といった年齢だったから、もう五十歳を超えている。引退してもおかしくない。

その情況のなかで、路線網を広げていったのがLCCだったのだ。当初から、旅行会社という販売ルートを使わずにスタートした。それでも利益を出すというノウハウを、LCCは試行錯誤のなかでみつけだしたのだろう。

不思議だった。

これからは格安航空券だ……という時代を予感し、僕は十九年前、アテネの街にやってきたのだ。しかし、格安航空券はインターネットというツールに凌駕《りょうが》されていった。少なくともヨーロッパでは、その流れは現実のものになった。ところが、インターネットを巧みに使うことでビジネスに結びつけたLCCが誕生し、国によっては、シェアの半分を占めるほどまでに成長してしまう。一九九〇年代、LCCのビジネスが軌道に乗った理由もインターネットの普及だった。個人と航空会社を直接結びつけるルートができあがっていったのだ。LCCの波は、ようやく極東の島国に届き、僕はLCCを乗り継ぎ、一週間かかってアテネの街までやってきたのだった。

下から見上げたこの眺めだけで、今回のパルテノン神殿観光は終わりでした

それがＬＣＣをめぐる構造変化だった。マルクス流の、螺旋《らせん》階段を登るような進化なのだろうか。少なくとも、日本発の格安航空券が、その価格競争のために陥ってしまった隘路《あいろ》から脱け出ることができそうな予感がＬＣＣにはあった。片道航空券をつなぎ、路線バスを乗り継ぐようにして、僕はアテネまで来ることができたのだ。

新しい旅のスタイルでヨーロッパに入る。その入口は、十九年前と同じようにアテネだった。阿部氏と冨永君を、路地裏歩きにつきあわせてしまった。一泊した朝、アクロポリスの丘には登ったのだが、まだゲートは閉まっていた。アクロポリスの中央にあるパルテノン神殿は見上げるような高さで、そこに登り、みごとなエンタシスの柱や劇場の遺跡などを見てまわると、一、二時間はかかりそうだった。二十年近く前、この遺跡を訪ねてはいた。遠い記憶だが、午前の半日をこの遺跡で費やしたような気もする。

だが、僕にとっては、アクロポリスよりも、路地裏でまだ看板を出しているかもしれない旅行会社だった。これがはじめてのアテネだという阿部氏や冨永君には申し訳ないが、アクロポリスを見てまわると、その足で空港に向かわなければならない時刻になってしまいそうだった。ロンドンのガトウィック空港に向かうイージージェットの出発は十二時である。チェックインは十時四十分にはじまるとチケットには記されている。安い航空券に長くかかわってきた僕のような男と旅をすると、みつかったところでなにができるわけでもない旅行会社探しにつきあわされてしまう。ある時期、僕は、格安航空券を売る世界の旅行会社の周りをぐるぐるまわっていたわけで、そんな感傷につきあわされて、アクロポリスも見ることができなくなってしまう。

阿部氏とはこれまで、何回も旅に出たが、有名な観光地や遺跡の近くを通っているのに……ということがよくあった。イランを陸路で二回縦断したことがあるが、イスファハンは知らない。トルコは二回もバスで横断しているというのに、カッパドキアは見ていない。時間がなかった。金がなかった。……その都度、こじつけられる理由はあるが、突き詰めれば、観光地や遺跡に触手が動かない僕の性格でもあるのだ。

「アテネに行ってアクロポリスを見なかった」と聞いても阿部氏の奥さんなどは、

「下川さんと一緒だったんでしょ」

と軽く受け流してしまうのかもしれない。

冨永君は帰国し、ノートパソコンを買ってくれた姉になんというのだろうか。

「えッ、アテネに行って、アクロポリスを見てない？」

「一緒に行った下川さんが路地裏に行くっていうから」

「路地裏？　それがなんなのよ。下川さんって、路地裏マニアなの？」

そんな会話が目に浮かんでしまう。

しかし後になって、冨永君に聞いてみると、この頃から、国とか都市の記憶が混乱してきたという。無理もなかった。シンガポールには二泊したものの、フィリピンのアンヘラス、インドのバンガロール、シャルジャ、アレキサンドリアには一泊しかしていない。クアラルンプールは空港で飛行機を待っていただけだった。カイロは市内から空港に向かう車窓風景しか見ていない。シャルジャやアレキサンドリアに一泊といっても、それぞれ二十時間ほどしか滞在していないのだ。もちろん、それぞれの街の記憶は、目を閉じると泉のように溢《あふ》れてくるが、それは断片であって、街や国と結びつかないのだ。時系列の記憶に留めようとすると、突然、白濁してしまうのである。

アテネには十九時間しか滞在しなかった。

ロンドンのガトウィック空港までイージージェットというLCCに乗った。LCC八社を乗り継いで世界をまわったが、そのなかで、このイージージェットの記憶がいちばん薄い。すべてが平均的なLCCだったからだ。イギリスを代表するLCCだった。四時間ほどのフライトで運賃は1万4681円ほどと若干高めだったが。飛行機は再びエアバス320に戻り、機内食は有料になった。チキンサンドイッチが三・五ポンドか四・五ユーロ。これまでのLCCの機内食に比べれば、少し高かった。

LCC独特のシステムにもすっかり慣れてきていた。途中、ヨーロッパアルプスのまっ白い山々を眼下に見おろすことができた。旅のはじまりの頃だったら、その眺めにも目を輝かせ、あそこにスキー場があるのだろうか……などと思い描いたのかもしれないが、頭のなかの回路はつながらないままだった。

LCCに疲れてきたのかもしれない。全ルートの半分はすぎたと思うが、やはり飛行機というものは交通手段であって、飛行機オタクでもない僕にしたら、ただLCCに乗り続ける旅は、色褪《いろあ》せてくるのも早いような気がした。

機内はほぼ満席だった。若者が多かった。僕らの近くには、髪を赤や灰色に染めた若者のグループが座っていた。イギリス人かと思ったが、会話を聞くとギリシャ人だった。いくらファッションが奇抜でも、映画や音楽もない四時間は暇なのだろう。ひとりが通路に立ち、ジェスチャーのゲームをはじめた。ある単語を身振り手振りで表現し、それを当てるという遊びである。日本では戦後、NHKのテレビで人気を集めたが、LCCのなかでは、こんな時間の潰《つぶ》し方もあるようだった。ひとりが立ち、その単語が当たると、隣の若者が通路に立つ。ひとり、ふたりと順調に進んだが、三人目の男の発想力が乏しいのか、単語が難しかったのか……なかなか当たらないうちに、ジェスチャーゲームはお開きになった。ギリシャの若者も忍耐力がないらしい。

硬く小さな雪が、滑走路の上を波のように流れていた。機内でうとうとしていた。ドスンという衝撃に目を開け、小さな窓から外を眺めると、季節は冬になっていた。ガトウィック空港を囲む木立に葉はひとつもなく、ロンドンの灰色の空の下にまるで影絵のように並んでいた。

ガトウィック空港で、アイルランドのダブリン行きのLCC、エアリンガスに乗り換えることになっていた。ロンドンとダブリンの間に就航する飛行機は多く、二時間程度で乗り継ぐことができる便もあった。この予約はインドのバンガロールですませたのだが、そのときも、かつてエアアジアで乗り遅れたことが脳裡《のうり》をよぎった。他社便に乗り継ぐときは、なんの保証もないから、どうしても乗り継ぎ時間にかなりの余裕をもたせた便を選んでしまう。ダブリン行きは、その日の夜の八時五十分の出発だった。滑走路を走る機内で、腕時計をロンドン時間に合わせた。

「六時間半か……」

ガトウィック空港で、また時間をつぶさなければならなかった。日本からここまでのフライトは、実に順調だった。シンガポールとバンガロールを結んだタイガー・エアウェイズが一時間ほど遅れたが、それ以外はほとんどが予定時刻通りの運航だった。ときに遅れるのは、エアアジアだけの問題なのかと思えてくる。

だがひとつの関門があった。イギリスの入国審査だった。イギリスとアメリカ、そしてイスラエルの入国審査では、実にいろいろなことを聞かれる。入国の目的にかかわることが多いのだが、ときにそれまでの旅の経路まで尋ねてくる。不審に思われると、その質問は次々に変わり、日本での仕事や住んでいる街までに及ぶ。こうして入国する人をチェックしていくのだ。イスラエルの入国審査官から、「なぜ旅を続けているのか」と禅問答のような質問をされたという有名な話もある。イギリスでは、質問にうまく答えられず、留学ビザをもっているのに三日間の滞在しか許されなかったという話を聞いたこともある。

元々、これらの国の入国審査は厳格だったが、九・一一やその後のロンドンのテロなどで、その審査はさらに厳しくなった。とくにパスポートに中東諸国の出入国スタンプなどが捺《お》されていると、審査官の目つきが変わってしまう。

英語のやりとりだから、よけいにプレッシャーもかかる。パッケージツアーなら、添乗員が手伝ってくれるのかもしれないが、僕らのようなスタイルの旅は、ひとり、ひとり、ブースの前に立って審査を受けなくてはならない。

しかし今回、僕はそれほど心配はしていなかった。昨年（二〇〇八年）暮れ、新しいパスポートに変わっていたのだ。以前のパスポートには、アフガニスタン、イラン、パキスタン、ヨルダン……など、イスラム諸国のビザやスタンプがいくつも捺されていた。だが、いまのパスポートはきれいなものだ。今回の旅で寄ったシャルジャとエジプトはイスラムの国だが、この二ヵ国なら大丈夫のような気がした。それに僕らは、六時間半後、アイルランドに出発する航空券をもっていた。シャルジャのインターネットカフェで出力してもらったチケットは一枚だったが、ロンドンの入国審査に備え、アテネでコピーをとって阿部氏と冨永君にも渡しておいた。

それでも僕は、職業欄に「architect」と書いた。建築家である。何回もこの偽りの職業を書いているから、そのスペルも覚えてしまった。雑誌に原稿を書いたり、本を書く仕事を正直にいうと、しばしば問題になることがあった。ジャーナリストビザや報道ビザをもっているのかというところまで話が及ぶこともある。それを避け、中東にも行く理由を説明できる職業……考えた末に建築家になったのだ。

「いや、シャルジャのキング・ファイサル・モスクはすばらしい。デッサンに余念がありませんでしたよ」

なにかいわれたら、こんな歯の浮く会話ですり抜ける算段だった。付け焼き刃のような話で、すんなり入国できるのか……と思われるかもしれない。

うまくいったのである。

僕が最初にイミグレーションのブースに立った。おばさんの職員だった。

「ロンドンにはどのくらい滞在します」

ほら来た、とばかりに、ダブリン行きの航空券を差し出す。

「六時間ほどですかね。トランジットみたいなものですよ。ハッハッハッ」

これが予定していた台詞《せりふ》だった。実際は、「ハッハッハッ」とは笑えなかった。職員に向かって、意味のない笑顔をつくっただけだったが。

「職業は建築家……。以前にイギリスに来たことは？」

これも想定していた質問だった。

「一昨年。新しいパスポートなので記録はありませんが、そのときは大英博物館に入

ガトウィック空港。ここで厳しい審査が待っている

り浸ってました」

これが用意していた返事だった。しかし、大英博物館の件《くだ》りまで、言葉が続かなかった。この博物館は、二十年ほど前、ちらっと入館したことがあるだけだった。さすがにそこまでの嘘《うそ》はつけなかった。

これで入国できてしまった。パスポートには六ヵ月の滞在が許されるスタンプが捺された。

続いて阿部氏だった。彼とはこれまでも何回も旅をした。カメラマンという仕事も、正直には伝えられない職種だった。そこで彼が考えたのがコックだった。立派なカメラをもっているのは、料理を撮るためだといい逃れる作戦である。こんなことで通用するのかと思われるかもしれないが、彼も僕と一緒に、いくつかの入国審査をコックで通過してきたのだ。

気になったので、入国審査のブースの後ろで待つことにした。身振り手振りを混じえていろいろ説明していた。阿部氏も無事、スタンプを捺してもらった。

「いや、やけに厳しいですよ。なぜ、こんな国をまわってきたんだって訊《き》かれましてね。とっさに、働いている店が二週間、休みになったんで、その間に世界一周することにしたんだっていったら、なんとなくわかってくれたみたいです」

問題は冨永君だった。まだ若い彼は、こういう場の経験も少なかった。あれはシャルジャの宿だったろうか。彼がニュージーランドへ行ったときの話を聞いたのだった。

「姉ちゃんと一緒だったんですが、飛行機が違ったんです。俺は金がないから、ソウル経由の大韓航空。姉ちゃんはカンタス・オーストラリア航空だったかな。そういうものが必要だって知らなかったんだけど、帰りの航空券を姉ちゃんにもっていってもらったんですよ。そうしたら俺の入国審査のとき、帰りのチケットがないっていわれて……一時間ぐらい、別室で調べられたんです」

「おいおい」といった話だった。イギリスの入国審査は厳しいから、どんな質問をされるかなども伝えておいた。

彼は時間がかかった。イミグレーションの列に人もいなくなり、僕の審査をしたおばさんがブースを出、冨永君の審査をしている職員になにかを伝えているようだった。

ほどなくして冨永君も、無事にイギリスに入国した。

ガトウィック空港の喫煙コーナー。辛いねェ

「何日滞在するのかっていわれたんで、面倒だから一日って答えたんです。そうしたらチケットを見せろっていわれて、それからいろいろになって……」

「冨永君、イミグレーションでは嘘をついちゃいけないのよ。彼らはね、書類というより、答え方や挙動を見ているわけ。僕ははっきり六時間の滞在だっていったし、阿部さんは二週間の休みで世界一周っていったんだもの。嘘をついちゃいけないのよ。本当は六時間なのに、一日って答えたときの表情を見ていたのかもしれないな」

「そういうもんなんですか」

職業は建築家という大嘘をついている僕の言葉を、冨永君はどれほど信じてくれたのだろうか。

# 第6章　ダブリン・ニューヨーク・ロングビーチ

寒い。

骨身に応《こた》える寒さとはこのことか。

厚手のシャツにセーター、そしてコートを着込んでいる。マフラーに手袋もはめている。日本を出発したときの冬仕度なのだが、ダブリンの街なかを十分も歩いていると辛《つら》くなってくる。街の中央を流れているリフィー川の川岸が凍っているわけではないから、気温は氷点下にはなっていないはずだ。それなのに、じっとしていることができない。低い空をカモメが舞い、その切ない鳴き声が、ヒストリカル・ダブリンと名づけられた一帯のレンガ造りの街並みに響く。北の港を舞台にした映画の一シーンのような風景が広がっているのだが、その感傷に浸るには、少し寒すぎた。

マイナス二十度という寒さを何回か体験している。息を吸うと、鼻の粘膜が凍りつくような寒さは、どこか突き抜けてしまったやけっぱちな快感をともなうものだが、ダブリンの寒さには、そんな潔《いさぎよ》さがない。風も弱く、ホテルを出たときは、それほど気にはならないのだが、しばらくすると気分が沈んでくる。

寒さが重いのだ。

「マッチ売りの少女の気持ちがよくわかりますよ」

冨永君がわけのわからないことをいう。あの物語の舞台は、ダブリンではなかったと思うが、そういわれてみると頷《うなず》いてしまう。

「暖かい季節に来れば、いい街なんだろうな」

ダブリンは、日本の若い女性に人気の街らしい。しかしそれは冬の話ではないだろう。

ダブリンには、午後十時をまわった時刻に着いた。エアリンガスという、ダブリンを拠点にするLCCで、ロンドンから一時間ほどのフライトだった。エアリンガスは元々、アイルランドの国営航空会社で、人によってはLCCに数えない人もいる。しかし最近は一気にLCC風に姿を変え、ヨーロッパでもすでにLCCという人が多い航空会社だった。

空港の到着ロビーには、何軒かのホテルの外

ダブリン市街の中央を流れるリフィー川。この街の歴史を映してきた流れは、ちょっと暗かった

観を貼《は》ったパネルがあり、その下に無料電話があった。いくつかの番号を押したが、なぜかつながらなかった。バスでダブリン市内に入り、ホテルの文字を探した。しかしなかなかみつからない。寒さに耐えきれず、中国人運転手のタクシーに乗り、何軒かのホテルをまわった。落ち着いた先はテンプルバーというエリアの一画にある、インターネットがつながるホテルだった。

　ひとりで夜の街に出た。襟元を押さえながらリフィー川に沿った道を歩き、暗いハーフペニー橋を渡った。一軒のパブの前に長い列ができていた。訊《き》くと午前零時からライブがあるのだという。見覚えのある顔があった。ロンドンから乗ったエアリンガスで会った若者たちだった。

「エアリンガスの片道25ポンドのチケットが買えたんだ。来るしかないだろ」

　ロンドンに住む青年だった。25ポンド……３５００円ほどである。プロモーションのチケットなのかもしれなかった。日本ではエンヤが、アイルランドのミュージシャンとして知られているが、ヨーロッパでは、アイルランドロックのほうが人気だと聞いたことがある。イギリスとアイルランドの間には、歴史的な確執が横たわっている。それは日本と韓国の間にあるそれに似ているのかもしれないが、いまの若者は響くビートのなかで、その溝を軽く越えてしまう。ロンドンとダブリンの距離は飛行機で一時間ほどだから、大阪から東京にライブを聴きに行くような感覚かもしれない。しかしその間の飛行機代が25ポンドなのだ。その金額は、大阪と東京を結ぶ夜行の激安バスほどだった。

「ライブは朝までなんだ。そのままロンドンに帰るよ。だけど寒いな。もう一時間も待ってる。ロンドンより寒いよ」

酒臭い息が鼻についた。

いくつかの角を曲がった。街の治安は悪くなさそうだが、パブのドアの前には、柱で風を防ぐようにして立つ男が何人もいた。これがアメリカやアフリカだったら、近づきたくない男たちだが、身なりや顔つきはしっかりしていて、視線が合うと笑顔が返ってくる。立つ位置が絶妙だった。物陰に半身を隠すようにして、

「寄ってかない？」

などと鼻にかかった声をかけてくるぽん引き女のような場所に立っているのだ。ダブリンのパブが、深夜になると風俗に変身するなどという話は聞いたことがなく、はじめはそんな男たちに首を傾《かし》げていたが、壁に備えつけられた灰皿を目にして、その理由がわかってきた。煙草《たばこ》だった。アイルランドといえばパブの国で、パブといえばアイリッシュビールやウイスキーと一緒に煙草の煙がついてまわる。しかし、そのパ

ダブリンのパブの入口には必ずある灰皿

ブが禁煙になったことは日本でも話題になった。煙草をやめられない男たちは、ちょっと一服とカウンターを離れ、寒気のなかにたたずむのである。僕も煙草をやめられない男のひとりで、自宅も禁煙だから、原稿書きに詰まるとベランダに出るしかない。透明度が増す冬の月を眺めながら、煙草に火をつけるのだが、二、三服も喫《す》うと、寒さが応えてくる。世界のなかの喫煙者たちは、寒さや暑さに強くなるしかないのだ。

　パブの前で震えながら煙草をくわえる男たちとの間に生まれた不思議な連帯感に誘われて一軒のパブに入ってしまった。煙草を喫っていた男と目が合い、「来いよ」という目くばせに乗ってしまったのだ。店頭に立つ男たちは、実際に客引きだった。

　暖炉で薪が燃えていた。奥に長いパブで、カウンターには十人近い男や女が座っていた。誘ってくれた男の隣に座り、彼と同じビールを頼んだ。一杯ごとに金を払うシステムだった。見上げるとステンドグラスをはめ込んだ壁が天井まで続いていた。黄ばんでいるのは煙草のヤニだろうか。このパブができて、いったい何年が経《た》っているのだろうか。

「ここ？　いまの店になって七、八年かな。パブの経営もなかなか厳しいんだ。建物？　そりゃ百年以上前さ。このあたりの建物は、どこも昔から変わっていない」

「じゃあ、イギリス時代も、ここにパブがあった」

「たぶんな」

現在のアイルランドが、完全にイギリスから離れ、独立したのは一九四九年なのである。そこに至るまでには、この島を二分する戦争があり、そこにはイギリスが深くかかわっていた。島の北側は、いまだその確執がくすぶっている。それが北アイルランド問題なのだが、ダブリンのある南側は、独立国になった。しかし、街はイギリス時代と変わっていない。いや、アイルランドは昔もいまもアイルランドといいたげだった。

僕らは翌日、この街の定番観光地であるギネスビールの工場を訪ねた。煙突を頼りにダブリンの街を歩く。『ギネスストアーハウス』という見学施設に出た。入場券には、最上階の展望バーで飲めるギネスの生ビール一杯分の料金が含まれていた。それ

つい歩いてみたくなる街並みなのだが……

を飲みながら、ダブリンの街を眺めた。
「なんて頑固な街なんだ」
つい、口をついて出た言葉だった。
ダブリンは周辺も含めると百六十万の人口を抱えている。普通、この規模の街なら、近代的なビルが何棟も建っているはずだが、それがほとんどないのだ。ダブリンは長い歴史を秘めた街であることも知っている。しかし十数年前から、IT産業の波に乗り、急成長した国ではなかったのか。ところが展望バーから見えるのは、一八〇〇年代に建てられた教会の尖塔《せんとう》や、ワーテルローの戦いでナポレオン軍を破ったウェリントンの記念碑……と、目に入るもののほとんどが時代がかっていた。入口でもらったガイドを見る。高い建物はスパイクと呼ばれる塔や、労働組合が所有する十六階建てのビルぐらいなものなのだ。「お、大学もある」とガイドの説明を読むと、一五九二年設立などと書かれている。

一五九二年？

日本では江戸時代にもなっていない。大学が、十六世紀後半にできたことにそれほど驚きはしないが、いまだにその建物が使われていることに呆然《ぼうぜん》としてしまうのだ。ダブリンの頑固さは、その日の朝から教えられ続けていた。いや、昨夜のパブからか。

朝、僕らは街のなかを歩き、リフィー川に沿った一軒のカフェで朝食をとろうとした。ダブリンには珍しいいま風のカフェで、清楚《せいそ》な感じの若い女性が切り盛りしていた。朝食セットがあり、トーストと卵、コーヒーと書かれている。阿部氏が目玉焼きを注文すると、こんな答えが返ってきた。

「目玉焼きは作れません。卵っていったらスクランブルエッグなんですけど」

阿部氏と僕はカウンターの前で顔を見合わせた。

「卵はどう料理しますかって、彼女、最初に訊《き》きましたよね」

「たしかに。でも、スクランブルエッグだけなんだ。ダブリンでは。彼女が訊いたのは、つまり、どういうスクランブルエッグにするかっていうこと？」

「スクランブルエッグに、そんな種類があるんですかねェ」

僕らは首を捻《ひね》りながら、スクランブルエッグを口に運んだ。油の少ない質素な味だ

ここでアイリッシュコーヒーを飲んだのだが

った。大きなカップに注いでくれたコーヒーは洗練された味だった。

「このコーヒー、すごくおいしいじゃないですか。でも、不思議に思ったんですけど、朝食メニューに紅茶はないんです」

「だいたいこのカフェ、紅茶はないんじゃないですか」

　改めてカウンターの上に掲げられたメニューを見た。たしかにティーという名前がない。

「アイルランドって、長くイギリスに支配されてたんでしょ」

「でも、コーヒーしかない」

「飲まなかったのかね。紅茶は……」

　昼、アイリッシュコーヒーというものも飲んでみた。アイリッシュウイスキーを温め、そこに砂糖を入れて溶かし、コーヒーを静かに入れて、上にクリームを載せる。作ってくれた女性は、何回となく僕にいった。

「絶対に混ぜないで飲んでください」

これはアイルランドの掟《おきて》らしい。

「本当は混ぜないで飲むんですけど……」といったいい方ではない。混ぜてはいけないのだ。たしかに混ぜずに飲んだほうがおいしいのかもしれないが、人には好みというものもある。それを許さない頑固さが言葉の端々から伝わってくるのだ。

いわれるまま、混ぜずに飲んでみた。最初はクリーミーなコーヒーである。あたり前だが、しだいにウイスキーの味が加わってくる。最後はウイスキーをそのまま飲んでいるような強さになる。これがアイルランドの文化というものらしい……と強引に思い込むしかないのだった。

寒さに耐えかね、一軒の中華料理店に入った。メニューにはなかったが、スープ入りの麵《めん》が食べたかった。働いているのは中国人だから、なんの戸惑いもなく、タンメン風のそばをつくってくれたのだが、その麵の量がやたら多い。食べても、食べても麵が丼《どんぶり》のなかにある。なんだか掘削作業をしているような気にもなってくる。そんな姿を見ていた、四十代の店の主人は口を開く。

「多いでしょ。でも、アイルランド人は、このくらいないと納得しないんですよ。別に彼らは、大食漢ってわけじゃないと思うんですけど、こう、なんというか、食べ物はこういうもんだっていうところを譲らないんです」

その言葉の意味を夜に入ったパブで再び思い知らされることになる。そのパブは、ディナーセットのような安いメニューを黒板に書いていた。僕はビーフシチュー、阿部氏がフィッシュ&チップス、冨永君がハンバーガーを頼んだ。それぞれに一パイントのビールがついてくる。しかしその料理の量が多いのだ。ビーフシチューは、日本のカツ丼《どん》などの丼大の器に並々と盛られて出てきた。それにパン。フィッシュ&チップスに至っては、いったいいくつのジャガイモを揚げたのかというフライドポテトの量なのだ。

アングロサクソンやアイリッシュたちの、味に対する鈍さは、さまざまな日本人が語っているが、僕がこれまで彼らの食の風景を眺めてきた経験でいえば、同じ味つけのものを延々と食べ続けられる特技も兼ね備えているような気もする。アジアの料理はその対極にあって、違った味を少量ずつ食べる。目の前のビーフシチューは、いくら食べてもなかなか減らないし、阿部氏のチップスにしても、倒壊した家屋の柱や板を一枚、一枚とり除いていくような虚《むな》しさにつつまれる。日本人はたちまち胸焼けし、ビールに手が伸びてしまうのだ。

アメリカ人の食べっぷりは、その体格をみると、ある程度は想像ができるのだが、ダブリンで見るアイルランド人は、それほど大きくはない。

料理の量というものは、その国がかつて陥った飢饉《ききん》の影響も受けているようにも思う。日本のなかで沖縄は、料理の量がやたら多い。最近でこそ、メタボになる、と騒いでいるが、人々のなかに、食べるものもなかった時代が刷り込まれてしまっているような気もする。アイルランドも農作物を育てるには不向きな土地が広がっている。たびたび寒波に襲われ、ジャガイモの不作が続き、ときに四十万人もの人が餓死したという記録も残っている。時代は下り、食料事情はずいぶんよくなったが、アイルランド人は、その食事の量を頑《かたく》なに守っているような気もするのだ。

この国の敷居は高そうだった。物価の高さが、それに追い打ちをかける。ダブリンに着いた夜、テンプルバーで店を開いていたテイクアウト専門の店でサンドイッチを買ったが、ひとつ十一ユーロもした。千三百円である。アイリッシュコーヒーは、一杯九百円だった。僕らが訪ねた頃は、金融危機に誘発された円高が進んでいて、一ユーロは百三十円ほどまで落ちていたが、それでもこの値段なのである。これまでインド、シャルジャ、エジプトと渡り歩いてきた。ギリシャはヨーロッパのなかでも物価が安い。そんな値段感覚に慣れてきた身には、アイルランドはその物価でも手強《てごわ》い国だった。

空港で食べた朝食。ボリュームたっぷりだが1500円

街を歩いていると、小さな窓からオフィスが見え、そこにはコンピュータのキーを叩《たた》くサラリーマンの姿があった。彼らには、物価の高い国で暮らす財力があり、この国に流れる文化を頑固に守り続けている。極東にある島国から突然、迷い込んだ、英語も満足に話せない僕などは、どこか太刀打ちできないような気にもなるのだ。

だが気になる国だった。一年も暮らせば、少しはわかってくるのかもしれない。たった二泊のダブリンは、僕に対して、なにひとつ心を開いてはくれなかったような気がする。僕はただ、レンガ造りの家々が続く古い街並みのなかを、襟元を押さえながら歩くしかなかった。

ダブリンの街を出発したのは、まだ暗い早朝のことだった。ダブリンからニューヨークで乗り継ぎ、そこからアメリカ西海岸のロングビーチまでの長いフライトだった。

この航空券は、出発前、日本で買っていた。LCCの世界一周のルートを決めるために、ヨーロッパの航空会社のサイトを調べた。大西洋路線を飛ぶLCCは何社かあったが、それなりの金額になった。ヨーロッパからアメリカの東海岸までは八時間ほどのフライトである。LCCは中型機を使い、長くても四、五時間の距離を飛ぶことが多いから、やはり別格の路線だった。

ヨーロッパのLCCのなかでは、アイルランドのライアンエアーとエアリンガスが知られていた。アイルランドという小国は、得意のIT産業を応用する形で、ヨーロッパのLCCをリードしている感があった。国営のエアリンガスがLCCに近づいたのも、その流れがあったからかもしれない。しかし安さへの反発なのか、風当たりも強いようだった。とくに低価格を前面に出しているライアンエアーには、批判的な声も聞こえてきた。

「世界一サービスが悪い」

「トイレを使うのも有料になったそうだ」

「徹底して大空港を避けているため、目的都市まであまりに遠い空港に降ろされる」

「ほかのLCCを罵倒《ばとう》するようなロゴを機体に書いている」

それぞれ真偽のほどをたしかめたわけではなかったが、なにかと騒がしい航空会社だった。あるイギリスのテレビ局は、レポーターを客室乗務員に応募させ、ライアンエアーの内幕を曝露《ばくろ》する番組を製作してもいた。

LCCを体験する以上、一度はライアンエアーにも乗ってみたかったが、同時に見ていたエアリンガスのサイトで手が止まってしまったのだ。出発地をダブリンにし、その目的地を見ると、ロングビーチという地名が飛び出してきたのだ。

「ロングビーチって、あのロサンゼルスの南にあるロングビーチだよな……」

さらに調べると、ニューヨーク乗り継ぎとボストン乗り継ぎがあった。ニューヨーク乗り継ぎを選んでみた。その運賃が画面に出、再び手が止まった。

256・54ユーロ。

日本円にして、約3万5310円。

これはダブリンからニューヨークまでの運賃ではない。ダブリンからロングビーチまでの片道運賃だった。アメリカの東海岸から西海岸までは、六時間ほどのフライトである。大西洋を飛ぶ時間と合わせると十四時間ほどになる。四時間のフライトで約1万円というLCCの相場の値段だった。

ルートがひとつ決まった。今回の世界一周の航空券は、まずこの路線の予約からはじまった。その日程から逆算しながら、関空からマニラへ向かうLCCを決めていったのだ。

だがいくつかの疑問があった。エアリンガスがアメリカ西海岸まで空路を延ばしたのだろうか。だいたい、ロングビーチ空港は入国審査のある国際空港なのだろうか。航空券を出力し、眺めてみると、ニューヨークからロングビーチまでは、ジェットブルーというLCCに乗ることになっていた。ジェットブルーは、最近、アメリカ国内線で、急速に路線を増やしている航空会社だった。とすると、入国審査はニューヨークということになる……。その予測は、みごとに裏切られるのだが、この航空券が教えてくれたのは、LCC同士や既存航空会社とLCCの提携がすでにはじまっていることだった。運賃は一括してエアリンガスが受けとるスタイルだったのだ。

実はそれ以上の提携が進んでいることを、ダブリンの空港で知らされることになる。

朝日が昇らない時刻だというのに、ダブリン国際空港は混みあっていた。エアリンガスのチェックインカウンターに並び、順番を待つことにした。「EL105」。ニューヨーク行きの便名が電光掲示板に映し出されていた。なにげなくそれを眺めていると、急に「UA」という文字に変わった。

「UA?」

アメリカのユナイテッド航空ではないか。ユナイテッド航空は、ＬＣＣではない既存の航空会社だ。日本にも乗り入れているから、馴染《なじ》みもある。しかしＬＣＣと既存の航空会社は、ときに対立関係に陥る。世界のあちこちで衝突が起きている。商売仇《がたき》でもあるのだ。チェックインのときに、そっと訊《き》いてみた。

「あの……上のサインにＵＡって出たんですけど」

「この便はコードシェア便ですから」

「コードシェア？」

エアリンガスは、ＬＣＣのような顔をしているが、このときだけ国営航空ということになったのだろうか。コードシェアということなら、ＵＡのマイレージにも加算されるのかもしれない。再びそっと訊いてみた。

「もちろんです」

僕は慌《あわ》てて、ユナイテッド航空のマイレージカードを差し出した。

コードシェアとは、ひとつの便を複数の航空会社で共同運航することだった。最近では提携会社間でよく行われる。世界の既存の航空会社の間では、グループ化が進んでいる。スターアライアンスやワンワールドなどと呼ばれるものだ。ユナイテッド航空は、スターアライアンスというグループに属し、日本では全日空がそのグループに入っている。そのグループ内の航空会社で、ひとつの便を共同で運航するのだ。

とはいっても、ひとつの便に二社以上の航空会社の乗務員が乗ることはない。例えばユナイテッド航空の便が、全日空と共同運航になった場合、機材や乗務員はユナイテッド航空になる。ではなにが共同かといえば、予約の場面になる。ユナイテッド航空の便を、全日空便として席を確保することができるのだ。要は運賃のやりとりの世界になるのだが、全日空にしてみたら、自社で路線を増やすより、効率よく空路を広げることができるのだ。

それはマイレージプログラムにも及ぶ。このプログラムは、搭乗した分のマイルを貯《た》め、一定マイルを獲得すると、それを使いビジネスクラスにクラスを上げたり、無料の航空券をもらえるサービスである。日本でも多くの人がこのカードをもつようになった。このサービスにも提携関係が生きる。ユナイテッド航空に乗る際、全日空のマイレージカードを差し出しても加算してくれるのだ。実際には、加算率の違いなどがあって、かなり複雑で、日本ではそのあたりにやけに詳しいオタクも出現している。僕も飛行機に乗ることが多いから、何社かのマイレージカードをもっている。だが、共同運航便となるとなかなか面倒で、とりあえず差し出してみる程度である。

しかし貯まるマイル数は妙に気になる。ユナイテッド航空のマイルを貯め、東京と沖縄間を飛ぶ全日空便に何回か乗った。航空会社の商売に乗せられているとは思うのだが、チェックインのとき、あわよくば……と思ってしまうのだ。

大西洋路線となるとかなりの距離である。

「これは貯まるな」

ダブリン空港のチェックインカウンターで、マイレージカードを忘れた阿部氏を尻《しり》目《め》に、ひとり、ほくそ笑んだものだった。

後日談になるが、あのフライトから二ヵ月ほどが経《た》ち、こうして原稿を書いているいま、大西洋のフライトのマイルは、僕のユナイテッド航空のマイル口座に加えられていない。いくらなんでも時間がかかりすぎている。チェックインカウンターの女性が入力を忘れたのだろうか。あまりに運賃が安かったので、加算対象外になったのか。これは問い合わせなければいけない。

いや、話はそういうことではなかった。欧米ではすでに、既存航空会社とLCCの提携がはじまっているのだった。エアリンガスは、かつてアメリカン航空や日本航空などが加盟するワンワールドに入っていた。しかし、あまりにLCCに近づいたため、脱退した過去があった。その後、スターアライアンスと提携を結んでしまったようだった。三十年ほど前、レイカーエアウェイズというLCCが大西洋路線に就航した。

ところが不景気や規制に遭って倒産してしまう。その話は第1章でお話ししたが、その倒産劇の背後には、既存のメジャー航空会社の圧力もあった。ＬＣＣは既存航空会社の経営を脅《おびや》かす存在だったのだ。それを考えると、エアリンガスとユナイテッド航空の提携は隔世の感がある。ＬＣＣ側が懇願したのか、既存航空会社がＬＣＣの勢いを借りようとしたのかはわからないが、ＬＣＣと既存のメジャー航空会社の関係は、すでにそこまで進んでいたのだった。

ニューヨーク行きのエアリンガスは、予定時刻通りに離陸した。飛行機は、通路が二本ある大型機だった。しばらくすると、機内映画の上映もはじまった。最近の既存の航空会社の飛行機は、前の座席の背にモニターが組み込まれていることが多く、五十を超えるビデオのなかから、好みのものを楽しめるサービスが広がっている。エアリンガスは、さすがにそこまでのサービスはな

「機内食は有料に違いない」と、余ったユーロで食料を買ったのだが……（ダブリン空港）

かったが、モニターが天井から下りてきた。もっとも日本語の吹き替えはなかったが。機内食も乗務員が配りはじめた。「チキンにしますか？　ポークにしますか？」といった選択こそなかったが、それなりのボリュームのある食事だった。これまで、有料の機内食に慣らされた身にはやはり不安だった。後で料金の回収にまわるのではないか。なにしろこれは、ダブリンからロングビーチまで3万5000円ほどのフライトなのである。

「あの……、これ、ただですよね」

「もちろん」

乗務員の笑顔に安堵《あんど》した。

実はダブリンの空港で、有料機内食を想定して、食料を買っていた。千五百円もするボリュームたっぷりの朝食を選んだのもそのためだった。ロンドンからダブリンまで乗ったエアリンガスは、機内食が有料だったからだ。ところが、大西洋路線では……。その準備が無駄になってしまった。

回収はカートではなく、大きな黒いポリ袋をもってきて、そのなかに、プラスチック製の皿やコップをそのまま投げ入れてしまうという大胆さだった。おそらく到着空港では、そのままゴミとして捨ててしまうのだろう。なにかにつけて効率化をめざす

ＬＣＣらしい方法だった。

　機内食は無料だったが、アルコール類は有料だった。機内誌には缶ビールが四ユーロ、小壜《こびん》のワインが三ユーロなどというメニューが載っていた。五、六百円という値段である。しかしこのアルコール類の有料化は、既存の航空会社でもはじまっている。日本に乗り入れているアメリカ系のユナイテッド航空やノースウエスト航空などは、機内でビールやワインを頼むと、その場でお金を払わなければならない。ビールひと缶が六ドルだ。

　なにが違うんだろうか。

　大西洋を粘り強く飛び続ける機内で考え込んでしまう。座席の間も、長距離のフライトを考えてか、それほど狭くはない。

　アジアからＬＣＣを乗り継いで、中東、ヨーロッパと渡り、いま、アメリカに向かっている。アジアのＬＣＣは、その節約ポリシーが徹底していた。座席の間隔は、前の背に膝頭《ひざがしら》がつくほど狭く、リクライニングといってもほんの気持ち程度しか倒れない。座席指定はなく、搭乗券はスーパーマーケットのレシートのようにペラペラ感熱紙だ。機内食は飲み物を含めてすべて有料で、音楽や映画もない。ところが、インドのバンガロール（ベンガロール）から乗ったエア・アラビアから、座席の間隔が既存の航空会社並みになり、映画も上映されるようになった。カイロから乗ったエージアンエアーでは、機内食も登場してきた。そしていま、既存航空会社のサービスとさして変わりはないエアリンガスに乗っている。西に進むにつれ、既存の航空会社のサービスに近づいてきているのだ。

突き詰めれば、LCCと既存のメジャー航空会社との違いは、旅行会社を使わない予約システムと運賃ということになってくるのかもしれない。しかし既存航空会社もインターネット予約を整えているわけで、最後は運賃競争に辿《たど》り着いてしまう。

アジアのLCCにしても、その傾向が見えはじめている。世界一周の旅を終えた二ヵ月後、僕はタイのチェンマイからバンコクまでエアアジアに乗った。チェックインをし、チケットを受けとると、すでに座席が指定されていた。エアアジアは、マレーシアのエアアジアと、タイを拠点にするタイ・エアアジア、インドネシア・エアアジアに分かれている。座席を指定するようになったのは、タイ・エアアジアだけなのかもしれないが、そのシステムも少しずつ変わってきている。バンコクのスワンナプーム国際空港に着き、通路を歩いていると、タイのもうひとつのLCCであるノックエアーのポスターが掲げてあった。そこには『スナック無料』という文字が躍り、乗務員が袋菓子を配る写真が使われていた。有料機内食という発想も、サービス競争のなかで崩れつつあった。

エアアジアの機内に置かれていた機内誌には、航空路線が書かれていたが、クアラルンプールから、中国の天津《テンシン》やバングラデシュのダッカなどが加えられていた。二〇一〇年と噂《うわさ》されていた日本乗り入れも、今年に早まりそうな話がクアラルンプールから聞こえてくる。僕らが乗ってから二ヵ月しか経っていないというのに、これほどの動きが起きているのだ。アジアのＬＣＣも、空路の拡大とサービスの向上という世界に足を踏み入れたようだった。

ニューヨークからロングビーチまで乗ったジェットブルーでも、進化するＬＣＣを目《ま》のあたりにすることになる。

大西洋を渡ったエアリンガスは、ニューヨークのジョン・Ｆ・ケネディ国際空港に到着した。ターミナル４という国際線ターミナルだった。ＬＣＣ専用ではなく、既存航空会社が発着するターミナルである。そこで荷物を受けとると、ターミナル５に行くように指示された。そこへは、空港内の電車を降りてから、長い通路を歩かなければならなかった。その理由は、ターミナルに着いてわかった。ここはジェットブルーの専用ターミナルで、最近になって完成したターミナルだった。空港内を走る電車がリンクしていないのだ。

通路から眺める空は晴れ渡っていた。青空を見たのは、何日ぶりかと思った。ＬＣＣに乗り、降り立った街を思い返してみる。ダブリンの空は重い雲に覆《おお》われていた。アテネもアレキサンドリアも、朝方は晴れたのだが、すぐに薄い雲が広がってしまった。気持ちがいいほど晴れていたのは、砂漠のなかにあるシャルジャ以来だった。

気分が少し軽くなり、ターミナルの外に出てみた。寒かったが、明るい陽差しがうれしかった。湿度も少ないのかもしれない。気温は氷点下にも感じたが、空気が軽かった。アメリカを実感した一瞬でもあった。

乗り込んだロングビーチ行きの機内で、僕は目を瞠《みは》った。飛行機は、これまで何となくお世話になったエアバス３２０で、中央に通路があり、左右に三つの座席が並ぶ構造だったが、前の座席との間隔が、アジアのＬＣＣの倍ほども広かったのだ。体格の大きいアメリカ人は助かるだろう。そして各シートの背には、テレビモニターがひとつずつついていた。これでＬＣＣなのである。

離陸してしばらくすると、スナック菓子と飲み物をトレーに載せたおばちゃんの乗務員が現われた。どれも無料だった。飛行中も、乗務員のいる前方のギャレーに行けば、菓子やアメ、飲み物を無料でもらうことができた。

後になって聞いたのだが、ジェットブルーは、アメリカでは後発のＬＣＣだが、

空港でパソコンを立ちあげる癖がついてしまった（ニューヨーク）

ジェットブルー専用ターミナルができていた（ニューヨーク）

「安い運賃で、ひとつ上のサービスを提供する」というポリシーで人気を集めていたのだ。いまも路線を急速に増やしているという。

「これだけ広いと楽ですよね。足が思いっきり伸ばせる」

後ろに座っていた阿部氏の声が聞こえた。

「でもどうして、僕らは全員、Ｂ列の席なんです？」

「いや……それはさ……」

僕は言葉を濁した。ジェットブルーの機内は、中央の通路を挟んで、左右にＡＢＣ、ＤＥＦと席が分かれていた。僕ら三人の席は、「３Ｂ」、「４Ｂ」、「５Ｂ」だった。エアリンガスを通して予約を入れたとき、「席の指定は？」と画面の文字が聞いてきた。モニターには、飛行機の座席表が映し出された。好みの席をクリックすると、運賃が五ユーロ高くなった。

「これはもったいない」

慌《あわ》てて僕はキャンセルし、席の指定はしないという項目をクリックしていた。五ユーロけちったために、こういうことになってしまったのだ。大西洋を飛んだときも、僕らの席は通路から一席置いた中央の席だった。大型の飛行機だったので、さして気にはならなかったが、中型機に乗ると、五ユーロの節約が露骨に反映されてしまう。

座席の前のモニターには、アメリカの地図が映し出され、飛行機のマークが南西に向かって進路をとっている。既存の飛行機に乗ると、あたり前のように映しだされる運航画面だったが、関空を飛び立って以来、乗り継いだＬＣＣでは一度も目にしていない画面だった。これを見ていれば早く着くというわけではないが、暇潰《ひまつぶ》しにはなる。チャンネルボタンを押すと、アメリカのテレビドラマが次々に映し出された。サッカーの試合を映す画面もある。ＣＮＮのニュースやコメディにも切り替わる。だが僕らには、イヤホンがなかった。

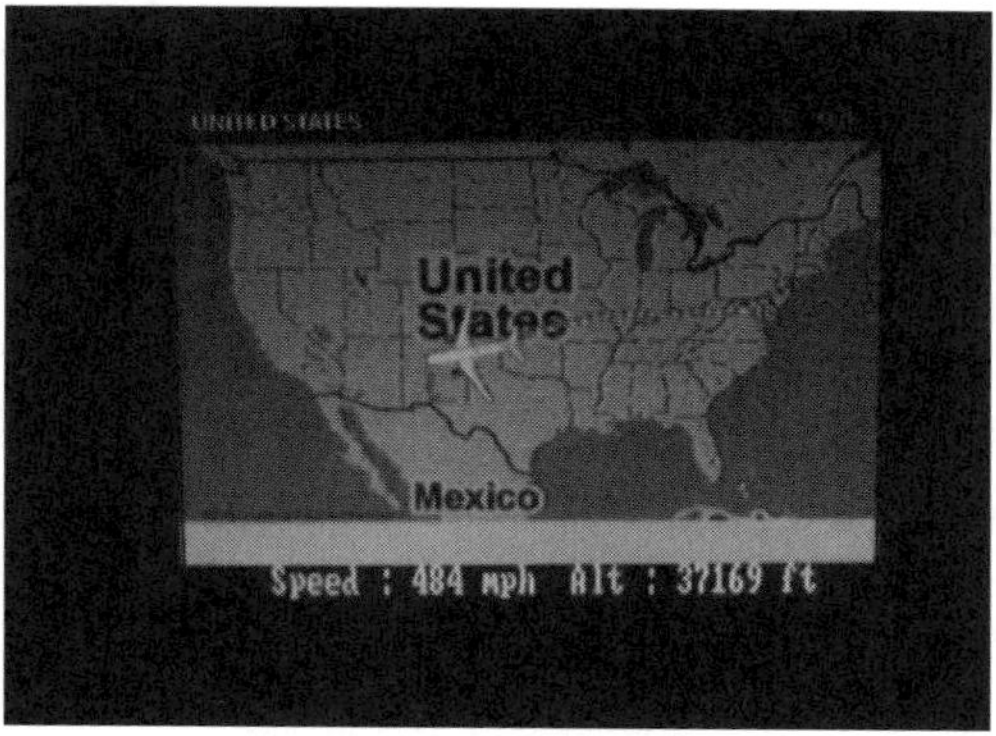

飛んでいる場所がわかる。今回のLCCの旅での初体験

　右隣に座っていたビジネスマン風の男は、ｉ－Ｐｏｄをとり出し、そのイヤホンを差し込んで聞きはじめる。左隣のおじさんは、耳を覆う形の大型イヤホンで聞いていた。

「もってないの？」

右隣の男性が話しかけてきた。

「イヤホンが差し込めるんですね。知らなかった」

「ジェットブルーに乗るときは、イヤホンを持参しないと聞けないんだよ。LCCだから、飛行機のなかには用意されていないんだ」

これがアメリカのLCCの流儀のようだった。僕はエア・アラビアを思い出していた。あの飛行機も、モニターで映画を映したが、イヤホンがなかった。近くにそれを差し込んで聞く人がいなかったからわからなかったが、エア・アラビアも、そういうことだったのだ。どうもイヤホンは、世界共通の規格になっているらしい。

LCCに乗るときはイヤホンを持参する。

それは中東や欧米のLCCの常識なのかもしれなかった。


ロングビーチの小さな空港に着いたのは夜の十時頃だった。荷物を受けとるターンテーブルが半屋外というのどかな空港だった。

LCCの旅は終わった。

アメリカ西海岸から東京までの飛行機の旅が残っているが、この区間はLCCが就航していない。旅に出る前、ロサンゼルスの旅行会社と連絡をとり、シンガポール航空の片道5万7000円ほどのチケットを確保していた。LCCを乗り継ぐ旅の終点は、ロングビーチだった。

ロサンゼルスから東京に戻る航空券の手配は、LCCのようにはいかなかった。メールである程度までの予約はできるのだが、支払いになると、直接、国際電話をかけなければいけなかった。

ロングビーチ空港のタラップはこんな形をしていた

旅の最後ぐらい、海沿いの静かな宿でゆっくりしたいという思いもあった。ニューヨークのジョン・F・ケネディ空港で乗り換えたとはいえ、ダブリンからロングビーチまでのフライトは長く、時差にもやられて、頭はぼんやりとしていた。しかし、昔から続けてきた貧乏旅行の癖は抜けず、さりとて最後に安宿というのは皆に悪く、結局、空港の電話で予約したのは、一泊六十ドルほどという中途半端な宿泊代のホテルだった。デイズ・インというチェーンのモーテルだった。

このホテルがいけなかった。いや、ホテルがよくないのではない。問題はロケーションだった。

ロングビーチのパシフィックコーストハイウェイに面したホテルに荷を置き、フロントのバングラデシュ青年に、近くのレストランを訊《き》いた。彼の口から出てきたのは、『ジャック・イン・ザ・ボックス』というファストフードだけだった。

僕らが乗り継いだＬＣＣは、欠航や大幅な遅れもなく、ロングビーチまで運んでくれた。これまで何回か、ＬＣＣの運航トラブルに巻き込まれた身にしたら、狐《きつね》につままれたような感覚だった。これは幸運だったのか、いや、ＬＣＣはそこまでしっかりと運航されるようになったのか。阿部氏や冨永君も、さして体調を崩した様子もなかった。これまで長距離バスや列車を使った世界一周は二回経験していた。その旅は長く、途中で下痢や理由のよくわからない発熱に悩まされた。一都市に滞在するのではなく、移動していく旅はきついのだ。冨永君はこの種の旅ははじめてのはずだが、感情が表情に出ないタイプなのか、平気な顔でついてきた。若いということなのかもしれないが。

彼がひとりでロサンゼルスに滞在したときの話は何回か聞いた。最終のバスを間違えてしまい、知らない街に降りたこともあるという。しかたなく、公園の芝生で野宿を決め込んだのだが、深夜に突然、スプリンクラーから水が噴きはじめたという。乾燥地帯のロサンゼルスは、こうして緑を保っているのだ。

「全身、ずぶ濡《ぬ》れになっちゃって。ハッハッハッ」

たいしたタマなのかもしれない。バックパッカーの天性をもっているのだろうか。いや、やはり飛行機の旅は、体への負担が少ないのだ。

だが旅は旅である。LCCは飛行機の路線バスといわれる。そこをなんとか乗り継ぎ、二週間ほどでアメリカ西海岸まで辿《たど》り着いたのだ。

関西国際空港からロングビーチまで乗り継いだLCC航空券の総額は16万1998円になった。これに太平洋路線の運賃を加えると21万9228円。これが世界一周の運賃だった。LCCの運賃は日々変わるから、早い予約やキャンペーンなどを狙《ねら》っていけばもっと安くなるだろう。

既存の航空会社を使った世界一周航空券は、スターアライアンス、ワンワールドなどの提携グループ内の航空会社を利用するタイプがよく使われる。その運賃をみると、最も安いもので30万円前後になる。それに比べれば、LCCの世界一周はずいぶん安くあがった。

やはりお祝いだった。

カリフォルニアワインで祝杯か。

それが『ジャック・イン・ザ・ボックス』の一ドルほどのハンバーガーやタコスでいいのだろうか。

フロントで、このファストフードチェーンの名前が出たとき、冨永君の目が少し輝いた気がした。以前、ロサンゼルスに滞在したとき、この店にはずいぶん世話になったらしい。ロサンゼルスでは知りあいの家や安宿に泊まり、食事はもっぱらファストフードだったたという。

彼と東京ではじめて会ったとき、泊まっていたのはゲストハウスのドミトリーだった。飲み屋でアルバイトをしていたから、夕食は賄《まかな》いだったかもしれないが、それ以外の食事はファストフードやファミリーレストランだったらしい。『サイゼリア』のメニューなどには異常に詳しい。考えてみれば、ロサンゼルスでも東京でも、同じような暮らしをしていたのだ。

LCCの世界一周の旅でまわった国は、そういったアメリカの食文化が入っていないところも多かった。訪ねた街は、彼にとってははじめての土地ばかりで、ようやく自分のテリトリーに入ったということかもしれなかった。

しかし世界一周のお祝いが、『ジャック・イン・ザ・ボックス』でいいのだろうか。
僕らはハイウェイ沿いの道をとぼとぼ歩き、店を探した。だが百メートルも歩くと、ここがどういう街なのかわかってしまった。歩道の上にうずくまり、なにやら呟《つぶや》く黒人の体からは、饐《す》えた臭《にお》いが漂ってくる。横断歩道の手前で立っている黒人青年の挙動がおかしい。その横を、ここでスピードを緩めてはいけないとばかりに車が走り抜けていく。

一軒の小さなスーパーをみつけた。その前には、酔っぱらった黒人がたむろしていた。その脇《わき》を通って店に入った。彼らがなにやら話しかけてきたが、なにをいっているのかさっぱりわからない。酔った男や女は、僕らが無視したことを気にもせず、話しかけ続ける。

ビールを買った。キャッシャーがいるボックスは鉄格子《てつごうし》に囲まれていた。なかにはアジア系の、人のよさそうなおじさんが座っていた。

フィリピンのアンヘラスを思い出した。今回の旅で、はじめて泊まった街だった。その街の雑貨屋も、鉄格子で囲まれていた。ＬＣＣで世界をまわり、再び太平洋を眺める街まできたが、太平洋を挟んだふたつの土地は、鉄格子に頼らなければ、店を開くこともできなかった。アメリカとフィリピン……。このふたつの国は、底のない貧

ハンバーガーが入った袋を手に、ホテルに帰る。足早に

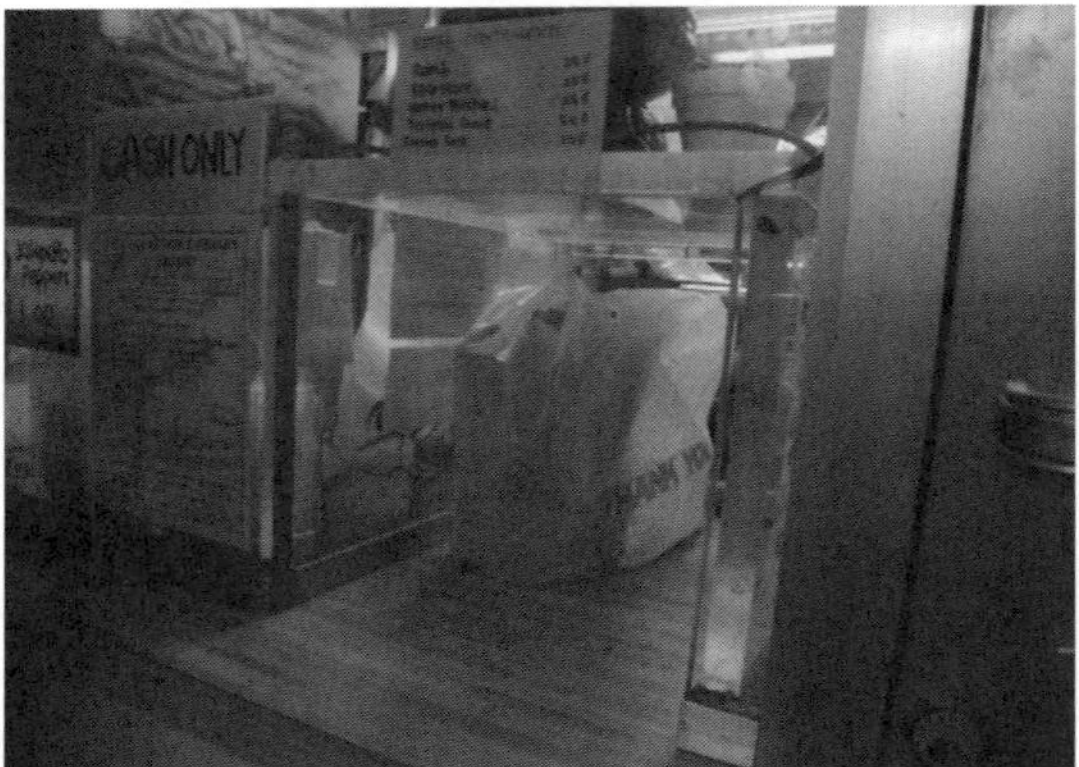


フライドチキンは、防弾ガラスの間の小窓から受けとった

困をかかえもってしまっていた。

翌日、僕らはこの近くでフライドチキンを買った。その店の支払いカウンターは、厚さが三センチもある防弾ガラスで守られていた。刑務所の面会室のように小さな穴を通して注文を伝える。小窓が開き、白いビニール袋に入ったフライドチキンが手渡された。

「まるで途上国にきたみたいだ」

阿部氏が口を開いた。たしかに、ここがアメリカであることが信じられない。

「この国には教育が必要だ」

オバマは、大統領の就任演説でそう語った。

この街を眺めていると、その意味がよくわかってくる。身を硬くするようにしてビニールを買い、『ジャック・イン・ザ・ボックス』で、九十九セントのタコスをつくるメキシコ系のおばちゃんを見つめるしかなかった。

「レタスを忘れないで」

冨永君がおばちゃんに声をかける。タコスに多めのレタスを入れてもらうとおいしいのだと、冨永君が説明してくれる。

僕らはビニール袋をさげてホテルに戻った。たかだか二百メートルの距離しか歩くことができなかった。

「乾杯」

デイズ・インの狭い部屋で、僕らはビールとタコスで祝杯をあげた。

「この国には教育が必要だ」

オバマの声は、この街では、あまりに虚《むな》しかった。

オバマ大統領の就任式を意識したのは、ロンドンのガトウィック空港だった。ダブリン行きの最終便の出発を前に、僕らは薄暗い待合室に座っていた。ガトウィック空港のチェックインカウンターは、LCCだけを集めていた。エアリンガスに並ぶ列には、ロンドンで仕事を終えたような人が多かった。ヨーロッパでは、LCCはごく普通の交通手段になっている。仕事に使うのは、まずLCCなのだ。フルサービスの既存航空会社を利用することは、日本人がビジネスクラスに乗るとき

とりあえずホテルで乾杯。LCCの旅は終わった

の感覚に似ているのかもしれない。

待合室に座る人々も、書類をチェックしたり、ノートパソコンを開いている人が多かった。目の前に座った中年の女性が、一冊のペーパーバックを読んでいた。その表題がオバマだった。

「そういえば明日……」

大統領の就任式を思い出した。

翌日、ダブリンのホテルでつけたテレビは、オバマ一色だった。地元のテレビ局は、どこのチャンネルをまわしても就任式の中継だった。ワシントンの天気はよかった。ダブリンから眺めると、羨《うらやま》しいほどの陽を浴び、オバマが演壇に立つ。演説のなかで、彼は教育にも触れたのだ。

しかしアイルランドの人々は、この演説を別の文脈のなかで聴いていたことを、僕は翌日、ダブリンの空港で教えられた。

少し早いような気がした。ダブリン空港でチェックインをすませ、免税品店やパブの並ぶフロアーにいると、僕らが乗る便のアナウンスがしきりと流れた。出発まではまだ一時間半もあった。スケジュールの変更でもあるのだろうか……と指示された搭乗口に向かった。するとそこに長い列ができていた。その先には、イミグレーションらしきブースが並んでいる。

「ん？　もうアイルランドは出国したはずだが……」

アメリカだった。アメリカの入国審査をダブリンで行っていたのだった。冨永君が慌《あわ》ててパソコンのスイッチを押した。アメリカの入国審査もロンドン並みに厳しい。質問の傾向がやや違う気がするが、職業とか旅の目的を根掘り葉掘り訊《き》いてくるのだ。ここでも出国する航空券の提示を求められる可能性は高かった。

冨永君がアメリカを出る航空券を手に入れたのはダブリンの宿だった。旅行会社とのやりとりに時間がかかったようだった。結局、サンフランシスコからの便になったらしい。しかしそれはメールのやりとりで、送られてきた航空券はパソコンのなかにしかなかったのだ。

イギリス入国時と同じように、僕が先にブースの前に立った。またしても建築家になりすました。手続きは意外にスムーズだった。この頃からESTA申請もはじまっていた。これはアメリカ大使館のホームページにアクセスし、パスポート番号や生年月日、アメリカ入国便などを打ち入み、事前に申請するシステムだった。そのページも出力してもっていたのだが、提示すら求められなかった。チェックも終わりかけた頃、職員がふいに顔をあげた。

「オザワセイジは知ってる？」

「はッ？」

それがあの小澤征爾であることがわかるのに少し時間がかかった。

「日本でも有名だよ」

そんな会話でお茶を濁した。この質問にどんな意図があったのだろうか。彼の知っている日本人の名前は、小澤征爾だけだったのだろうか。阿部氏の審査もすんなり終わり、冨永君の番になった。パソコン片手に説明を続けている。突然、彼が僕を呼んだ。近づくと、

「下川さん、ボーンってなんでしたっけ」

「生まれ」

「あ、そうだ、そうだ」

そして彼が答えたのが、

「三重」

だった。アメリカ人の入国審査官が日本の県名など知っているとは思えなかった。

「ジャパンでいいよ」と伝えようとしたが、なぜか「三重」のまま先に進んでしまった。彼は本当に、ニュージーランドやアメリカを訪ねたのだろうか。だがなんとかな

るものらしい。彼も無事、アメリカに入国を許された。

その先に待合室があった。その壁に貼《は》られた顔写真のパネルに、僕の視線は釘《くぎ》づけになってしまった。そこにはアイルランド系の著名なアメリカ人の顔が並んでいたのだ。ケネディ大統領がアイルランド系であることは知られていたが、その後に大統領に就任したレーガンもそうだったのだ。パネルにはなかったが、クリントンもアイルランド系である。

パネルの掲げられたアイルランド系アメリカ人は、政治家や学者が多かった。しかし作家や俳優にもアイルランド系は多い。作家のフィツジェラルド、レイモンド・チャンドラー。歌手のパティ・スミスもそうだ。映画界からはぞろぞろと名前が出てくる。グレース・ケリー、ジョン・ウェイン、ダイアン・キートン、ジョン・フォード、グレゴリー・ペック、リチャード・ギア、ジュリア・ロバーツ、ショーン・ペン。「ディズニー」を興したウォルト・ディズニーもそうだった。

一八〇〇年代にアメリカに渡った移民の三分の一はアイルランド人だったといわれる。いまのアメリカ社会の二〇パーセントほどが、アイルランドをルーツにしている人々なのだ。

ダブリンの空港の、アメリカへの入国をすませた人々が待つ部屋に、掲げられた著名なアイルランド系アメリカ人。そのパネルからは、アイルランド人の民族の誇りに裏打ちされた、強いメッセージが伝わってくる。ケネディ、レーガン、クリントン……。アメリカをつくり、動かしているのは、さもアイルランド人なのだ……といいたいかのように。

だからオバマの就任に、ほかの国の人々以上の関心を示すのだった。オバマはアメリカ初の、黒人系大統領なのである。

だが、僕らがロングビーチで泊まったホテルの周辺で目にするアメリカは、アイルランド人が思い描くアメリカではなかった。彼らが誇りにするアイルランド系アメリカ人がめざしたのは、進取の精神に富み、世界をリードする国だった。しかし僕がロングビーチで目にするのは、黒人、ヒスパニック、アジア系移民が暮らす刺々《とげとげ》しい一画だった。店は鉄格子や防弾ガラスで自衛しなくてはならないエリアだった。オバマはそんな人々に選ばれて大統領の座についたかのような評価もあるが、この街を眺めると、政治の話は空転するばかりで、ただ虚しさだけが残ってしまう。この一画にしか居場所がない彼らは、アメリカの民主主義からもこぼれ落ちてしまっている。黒人にもはっきりとした階層がある。大統領の就任式に出席するためにワシントンに向かい、涙を流した黒人と、ここに生きる黒人は生きる世界が違った。仕事は不安定で、病気になっても治療費すら払えない人々だった。アイルランド人は顔をしかめるかもしれないが、これがアメリカでもあった。

翌日、僕らはパシフィックコーストハイウェイをとぼとぼ歩き、メトロに乗って、ダウンタウンやビーチを訪ねた。季節はずれの海は寂しく、公園で休んでいると、黒人青年やヒスパニックのおばさんが煙草《たばこ》をせがんで近づいてくる。

路面電車のようなメトロに乗って空港に向かった

夕方、メトロに乗って、この街に戻った。メトロといっても、この辺りでは地上を走り、駅は路面電車のそれのようだ。そこからまた、パシフィックコーストハイウェイ脇の歩道を、周囲の視線に気を配りながら歩く。何台もの車が、スピードを落とさずに追い越していく。彼らはこの一帯では決して停まらない。ハイウェイ沿いのモーテルに入るときだけブレーキを踏む。

ハイウェイと直角に交わる道が何本かあり、それに沿って住宅が広がっていた。これが彼らの家だった。日本人の目には、テラスのあるその家々は、一見、豊かそうにも映る。昨年（二〇〇八年）、同じ西海岸のポートランドで、こんな住宅の一軒を訪ねたことがあった。部屋に入った僕は、一瞬、目を疑った。家財道具らしきものがほとんどないのだ。穴のあいた床に絨毯《じゅうたん》を敷いてしのいでいた。部屋にはすり切れたソファが二脚あるだけだった。テレビもなかった。台所には皿ひとつなかった。食事といえば、一ドル前後のハンバーガーやタコスを買って食べるだけだという。サブプライムローンの焦《こ》げつきが、経済危機の発端だったが、そんなローンさえ組めないアメリカ人の家だった。

鼻白むような旅の終わりだった。

僕らはこの街に二泊した。

朝、メトロに乗ってロサンゼルスに向かった。このメトロは、ロサンゼルス国際空港につながっているのだが、大きめの荷物をもった飛行機の利用客は誰も乗っていなかった。ひと乗り一ドル二十五セントという安い電車を使うのは、飛行機とは無縁の人々のようにも映るのだ。

冨永君とは途中駅で別れた。彼はもう少しこの街に滞在する。

メトロ駅からロサンゼルス空港へは、無料のシャトルバスが運行されていた。そのバスの乗客は少なかった。五分ほどバスは走っただろうか。目の前に、ロサンゼルス空港の巨大な建物が見えてきた。

＊＊＊

太平洋航路は長い。ロサンゼルスから東京まで十一時間近くもかかる。それがLCCの参入の障壁にもなっていた。LCCが得意にするのは、中短距離路線だった。アメリカと日本――。一時は世界経済を牽引《けんいん》していたふたつの国の間を飛ぶ路線は、格安航空券の価格やサービスの激しい競争のただなかにあった。ロサンゼルスで買った航空券は片道5万7000円ほど。もしLCCが就航すれば片道3万円ほどにはなるだろう。しかしそれは片道航空券の価格であって、往復となると、格安航空券もLCC並みの価格になる。これも、LCCがなかなか就航しない理由のひとつだった。

太平洋路線は、唯一《ゆいいつ》残された、格安航空券航路の聖域のような気さえした。

僕と阿部氏は、そのサービスに目が眩《くら》むほどだった。ヨーロッパでは、既存航空会社とLCCが限りなく近づいてきていたが、僕らが乗ったシンガポール航空のサービスでは、そのレベルが違った。「訊かれればすぐに反応するサービス」と、「訊かれる

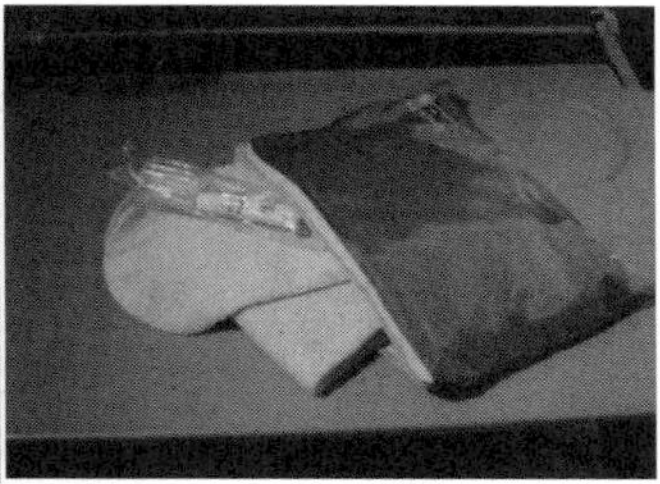

エコノミークラスでも、歯ブラシやオーバーソックスが配られる

やはりLCCとは違う……

気合の入った機内食（シンガポール航空）

前に手を伸ばすサービス」ほどの違いがあった。それは文化の問題なのかもしれなかった。アジア式サービスは、欧米に比べるとその木目の細かさが違っていた。

それはチェックインのときからはじまった。

「今日は比較的すいていますから、隣席に人が座らないように席を手配します」

LCCに慣れた身には、とろけそうになる言葉に、軽く足許《あしもと》を掬《すく》われてしまった。

機内に乗り込むと、おしぼりが配られ、ヘッドホンが渡される。シンガポール人の女性乗務員は笑顔を絶やさない。きりっと伸びた背筋が、「私たちはこのサービスを誇りにしているんです」と語っている。

続いて機内用のオーバーソックスや歯ブラシが入った小袋が配られた。エコノミークラスとは思えないサービスが、笑顔を添えられて迫ってくる。僕は渡された機内食のメニューに視線を落とす。

——メインコース　ペッパー風味ローストチキンのバーベキューソース添えに季節の野菜、ガーリック風味マッシュポテト
カップヌードル、サンドイッチなどと書かれたLCCのメニューとは違うのである。第1章で僕は、メニューまで乗客に渡す既存航空会社の機内食への批判的な文字を並べている。しかしLCCに染まるようにして世界をまわってくると、このメニューに

つい浮き足だってしまう。現金な男である。ビールやワインはもちろん無料だ。カクテルには、シンガポールで有名な『シンガポールスリング』まで用意されていた。

前座席の背にはモニターが組み込まれている。クリスワールドと呼ばれるシステムらしく、多くのビデオのほかにゲームも楽しめる。機内紙には数独もあったが、そんなものには見向きもせず、『Nights in Rodanthe』の日本語吹き替え映画に見入ってしまう。リチャード・ギアとダイアン・レインが演ずる中年の恋物語だった。そういえば、リチャード・ギアはアイルランド系アメリカ人である。ダイアン・レインは、年をとって、どことなく生活の匂《にお》いも感ずるきれいな女優になった。続いて、『百万円と苦虫女』……。

シンガポールスリングをちびちびやりながら、同じようにビデオを見入る阿部氏は、

「もう天国ですね」

と呟《つぶや》くようにいう。

LCCに満足してしまう僕のような旅行者に、シンガポール航空のこのサービスは、どこか分不相応にも思える。それでも『百万円と苦虫女』の蒼井《あおい》優に見入ってしまう。そんな僕を乗せ、シンガポール航空は西へ、西へと飛び続けていた。

# あとがき

まるで生き物とつきあっているようだった。今年（二〇〇九年）一月にＬＣＣで世界を一周した。その四ヵ月後、こうして「あとがき」を書いているのだが、その間に、ＬＣＣの路線やサービスの質はめまぐるしく変わった。新しい路線が加わる反面、廃止になったルートも多い。乗客が集まると思うと、さっと新路線を開設し、収益が悪いとあっさりと就航をとりやめてしまう。まさに校閲泣かせなのだが、このスピード感がＬＣＣといえなくもない。

とにかく勢いがある。搭乗した八社のＬＣＣからは、頻繁にメールが届く。新路線の案内や無料航空券のプロモーションなどだが、それを見るたびに、ＬＣＣの時代を実感してしまうのだ。

ＬＣＣへの批判のなかに、機体の古さを挙げる人がいる。しかしこうして、世界を一周してみると、予想以上に新しい機体を使っていた。欧米で二十年、東南アジアで十年弱という実績を積んだＬＣＣは、いま、新しい機体に入れ替えつつあるようだ。

これだけの安さで運航しているのだから、その経営は決して楽ではないだろう。しかし資本はＬＣＣに流れている気がする。仮に僕が、その種の投資家ならＬＣＣを選ぶだろう。既存の航空会社に比べると、縛られる要素が少なく、そこに将来性を感じるからだ。航空業界の構造変化は、確実なものになってきている。

日本はいまだLCCの潮流には乗っていない。さまざまな規制や地理的要因、既存の航空会社との軋轢《あつれき》が横たわっている。アジアのLCCのさらなる乗り入れも噂《うわさ》されているが、まだその勢いとは無縁である。

先日、沖縄の離島をまわった。一時間にも満たない路線でも、一万円を超える運賃がかかった。

「ここにLCCが就航したら、三千円ってとこだよな」

機内で呟《つぶや》いてしまった。日本人はまだ、高い航空運賃に甘んじている。LCCの就航は、高速道路の通行料値下げ以上の経済効果を導く気がする。空飛ぶ路線バスの感覚は、日本の空にも広がってほしい。それは同時に、旅というものの復権でもあると思っている。

出版にあたり、新潮社の庄司一郎氏のお世話になった。

二〇〇九年五月

下川裕治

この作品は書き下ろしである。

# 格《かく》安《やす》エアラインで世《せ》界《かい》一周《いっしゅう》

新潮文庫　し－57－2

平成二十一年七月一日発行

著者　下《しも》川《かわ》裕《ゆう》治《じ》

発行者　佐藤隆信

発行所　株式会社　新潮社

郵便番号　一六二―八七一一
東京都新宿区矢来町七一
電話　編集部(〇三)三二六六―五四四〇
　　　読者係(〇三)三二六六―五一一一
http://www.shinchosha.co.jp

価格はカバーに表示してあります。

乱丁・落丁本は、ご面倒ですが小社読者係宛ご送付ください。送料小社負担にてお取替えいたします。

印刷・大日本印刷株式会社　製本・株式会社大進堂



ISBN978-4-10-131552-2 C0126